Infrações
de Trânsito

Preencha a **ficha de cadastro** no final deste livro
e receba gratuitamente informações
sobre os lançamentos e as promoções da Elsevier.

Consulte também nosso catálogo completo,
últimos lançamentos e serviços exclusivos no *site*
www.elsevier.com.br

Q QUESTÕES

Celso Luiz Martins

Infrações de Trânsito

© 2012, Elsevier Editora Ltda.

Todos os direitos reservados e protegidos pela Lei nº 9.610, de 19/02/1998.
Nenhuma parte deste livro, sem autorização prévia por escrito da editora, poderá ser reproduzida ou transmitida sejam quais forem os meios empregados: eletrônicos, mecânicos, fotográficos, gravação ou quaisquer outros.

Copidesque: Adriana Kramer
Revisão: Diogo Borges
Editoração Eletrônica: SBNigri Artes e Textos Ltda.

Coordenador da Série: Sylvio Motta

Elsevier Editora Ltda.
Conhecimento sem Fronteiras
Rua Sete de Setembro, 111 – 16º andar
20050-006 – Centro – Rio de Janeiro – RJ – Brasil

Rua Quintana, 753 – 8º andar
04569-011 – Brooklin – São Paulo – SP – Brasil

Serviço de Atendimento ao Cliente
0800-0265340
sac@elsevier.com.br

ISBN 978-85-352-4817-3

Nota: Muito zelo e técnica foram empregados na edição desta obra. No entanto, podem ocorrer erros de digitação, impressão ou dúvida conceitual. Em qualquer das hipóteses, solicitamos a comunicação ao nosso Serviço de Atendimento ao Cliente, para que possamos esclarecer ou encaminhar a questão.
Nem a editora nem o autor assumem qualquer responsabilidade por eventuais danos ou perdas a pessoas ou bens, originados do uso desta publicação.

CIP-Brasil. Catalogação-na-fonte.
Sindicato Nacional dos Editores de Livros, RJ

M342i   Martins, Celso
         Infrações de trânsito / Celso Luiz Martins. – Rio de Janeiro: Elsevier, 2012.

         192 p. – (Questões)

         ISBN 978-85-352-4817-3

         1. Trânsito – Legislação – Brasil. 2. Trânsito – Legislação – Brasil – Problemas, questões, exercícios. 3. Serviço público – Brasil – Concursos. I. Título.

12-2116.   CDU 34:351.81(81)(094.46)

Dedicatória

À minha esposa Dayse, que com muita paciência e carinho, soube entender o tempo que dediquei a essa obra.

Agradecimento

À Editora Campus/Elsevier, à equipe editorial do setor de concursos, especialmente ao Professor Sylvio Motta, que, com seu profissionalismo, ofereceu sugestões fundamentais à elaboração desta obra, e a Flávia Frazão, que soube, com sua capacidade e dedicação, dar forma e organizar o material até seu efetivo lançamento.

O Autor

É professor a mais de 40 anos. Leciona matérias de Medicina Legal, Legislação do SUS e Código de Trânsito Brasileiro. Além de ministrar aulas em diversos cursos preparatórios para concurso público, atua no ensino à distância. Suas obras mais recentes são *Medicina Legal, Legislação do SUS Comentada e Código de Trânsito Brasileiro – Comentado e Remissivo*.

Apresentação

Ministrando aulas de Código de Trânsito, foi possível notar que a maior dificuldade apresentada pelos estudiosos do assunto é ordenar o estudo e, consequentemente, o aprendizado das infrações.

Para reduzir essa dificuldade, tomou forma este volume que ordena as infrações por título e por gravidade, facilitando a consulta. Utilizamos a estratégia de repetição das características, entendendo que quanto mais reforçamos, melhor aprendemos. O estudioso, ao completar o volume, terá as infrações organizadas de tal forma que o permita perceber a incidência das infrações gravíssimas, graves, médias e leves, assim como a aplicação, ou não, de determinada penalidade e medida administrativa para cada título.

Todo estacionamento irregular resulta na medida administrativa de remoção do veículo?

Ultrapassar pela contramão em local proibido é sempre infração gravíssima?

Existe parar que resulte em infração gravíssima?

Essas e outras questões você passará a responder e não mais esquecerá quando concluir a leitura deste livro, organizado com o objetivo de fazer entender o agrupamento de características por título.

Orientações para estudo

Conseguir memorizar as infrações de trânsito é tarefa árdua. Apresento, além do material organizado por título e gravidade, algumas sugestões para facilitar a organização do estudo. São apenas sugestões, cada um deverá buscar suas próprias estratégias para facilitar o aprendizado.

Organizamos a ocorrência de infrações de natureza gravíssima, grave, média e leve ao final de cada grupo de exercícios. Qual a finalidade? Em alguns títulos, vamos perceber que só existem infrações de uma natureza, sendo fácil memorizá-las. Em outros, vamos perceber, por exemplo, que não existe infração de natureza média nem leve, apenas 1 de natureza grave e 5 de natureza gravíssima. Ora, memorizo para aquele título a de natureza grave e sei que outras do mesmo título só poderão ser gravíssimas, 6, guardei 1 e sei, para efeito de prova, responder a questão que envolva identificação da natureza da infração.

Mas também existem títulos que apresentam 14 infrações de natureza gravíssima, 27 de natureza grave, 16 de natureza média e uma de natureza leve. Qual a proposta para a situação? Guardamos as gravíssimas, médias e leve e o que sobrar será grave. De 58, memorizamos 42 e ficamos aptos a responder questões sobre o título. Outra observação importante é que em algumas infrações não se aplicam medidas administrativas, somente penalidades.

Não estou orientando os interessados a deixar de estudar todo o grupo de infrações, apenas apresentando mais uma orientação para aqueles que participarão de concursos e precisam de estratégias para um aprendizado mais objetivo e eficaz.

VAMOS AO ESTUDO!

Sumário

Capítulo 1 Infrações 1

Infrações leves com penalidade de multa 1
Infrações leves com penalidade de multa e medida administrativa de remoção do veículo 3
Infração leve com penalidade de multa e medida administrativa de retenção do veículo 3
Infrações médias com penalidade de multa 4
Infrações médias com penalidade de multa e medida administrativa de remoção do veículo 9
Infração média com penalidade de multa e medidas administrativas de retenção do veículo e apreensão das placas irregulares 11
Infração média com penalidades de multa e apreensão do veículo e medida administrativa de remoção do veículo 11
Infração média com multa e retenção do veículo 11
Infrações gravíssimas com apenas penalidade de multa 12
Infrações gravíssimas com penalidades de multa e apreensão do veículo e medida administrativa de recolhimento do CRLV – (Medida administrativa aplicada com base no art. 262, § 1º) 15
Infrações gravíssimas com penalidades de multa e suspensão do direito de dirigir e medidas administrativas de retenção do veículo e recolhimento do documento de habilitação 16
Infrações gravíssimas com penalidades de multa e suspensão do direito de dirigir e medida administrativa de recolhimento da habilitação 16

Infrações gravíssimas com penalidades de multa e apreensão do veículo e medida administrativa de remoção do veículo 17

Infrações gravíssimas com penalidades de multa e suspensão do direito de dirigir e apreensão do veículo e medidas administrativas de recolhimento da habilitação e remoção do veículo 18

Infração gravíssima com penalidade de multa e medida administrativa de retenção do veículo 19

Infração gravíssima com penalidade de multa e medida administrativa de remoção do veículo 19

Infração gravíssima com penalidades de multa e suspensão imediata do direito de dirigir e apreensão do documento de habilitação – Lei nº 11.334, de 25 de julho de 2006 20

Infração gravíssima com penalidades de multa e apreensão do veículo e medida administrativa de recolhimento do documento de habilitação 20

Infração gravíssima com penalidade de multa e medida administrativa de recolhimento da carteira de habilitação e retenção do veículo até apresentação de condutor habilitado 20

Infração gravíssima com penalidade de multa e medida administrativa de retenção do veículo até apresentação de condutor habilitado ou saneamento da irregularidade 20

Infrações gravíssimas solidárias ao art. 162 21

Infrações graves com penalidade de multa 23

Infrações graves com penalidade de multa e medida administrativa de remoção do veículo 26

Infrações graves com penalidade de multa e medida administrativa de retenção do veículo 28

Infração grave com penalidade de multa e medida administrativa de recolhimento do CRV e do CRLV 30

Infração grave com penalidade de multa e medida administrativa de recolhimento das placas e documentos 30

Infração grave com penalidade de multa e medida administrativa de remoção da mercadoria e do material 30

Infração grave com penalidades de multa e apreensão do veículo e medida administrativa de recolhimento do CRLV (art. 262, § 1º) 31

Infração grave com penalidades de multa e apreensão do veículo e medidas administrativas de recolhimento do CRLV (art. 262, § 1º) e remoção do veículo 31

Infração grave com penalidades de multa e medida administrativa de apreensão do veículo para regularização 31

Capítulo 2 — Exercícios 33

Entregar a direção 33
Permitir que tome posse 34
Estacionar o veículo 35
Parar o veículo 39
Transitar... 40
Dirigir... 47
Conduzir... 50
Deixar o (de)... 59
Ultrapassar... 71
Utilizar... / Usar... 73
Executar 76
É proibido a pedestre... 77
Fazer ou deixar que... 78
Entrar ou sair... 79
Transpor... 79
Transportar... 80
Recusar-se... / Retirar... / Rebocar... 80
Seguir Veículo... / Forçar passagem... / Desobedecer... 81
Avançar... / Confiar... / Atirar do... 82
Promover... / Participar... / Disputar... 82
Bloquear... / Falsificar... / Portar... / Ter seu veículo... 83
Gabarito 84
PRF/1998 – com retificações do autor 92
Gabarito PRF/1998 – com alterações feitas pelo autor 96
Auxiliar de trânsito D.F. 2009 97
Gabarito auxiliar de trânsito D.F. 2009 100
Detran D.F. 2003 retificada pelo autor 101
Gabarito Detran D.F. 2003 104
Polícia Civil – São Paulo/ 2001 106
Gabarito 108
Agente de trânsito – Prefeitura de Itaboraí/RJ – 2007 retificadas pelo autor 108
Gabarito 111
Agente de trânsito – Prefeitura de Teresina/PI – 2011 retificadas pelo autor 111
Gabarito Agente de trânsito – Prefeitura de Teresina 121
Exercícios de revisão da Lei nº 9.503, de 23 de setembro de 1997 122
Gabarito – exercícios complementares de infrações 161

Capítulo 1

Infrações

Infrações leves com penalidade de multa

Art. 169. Dirigir sem atenção ou sem os cuidados indispensáveis à segurança:
Infração: leve;
Penalidade: multa.

Art. 179. Fazer ou deixar que se faça reparo em veículo na via pública, salvo nos casos de impedimento absoluto de sua remoção e em que o veículo esteja devidamente sinalizado:
(...)
II – nas demais vias: (estradas, vias arteriais, coletoras e locais)
Infração: leve;
Penalidade: multa.

Art. 182. Parar o veículo:
(...)
II – afastado da guia da calçada (meio-fio) de cinquenta centímetros a um metro:
Infração: leve;
Penalidade: multa.

(...)
IV – em desacordo com as posições estabelecidas neste Código:
Infração: leve;
Penalidade: multa.

(...)
VI – no passeio ou sobre faixa destinada a pedestres, nas ilhas, refúgios, canteiros centrais e divisores de pista de rolamento e marcas de canalização:
Infração: leve;
Penalidade: multa.

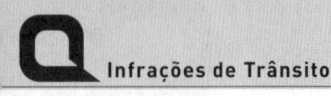

Art. 184. Transitar com o veículo:
I – na faixa ou pista da direita, regulamentada como de circulação exclusiva para determinado tipo de veículo, exceto para acesso a imóveis lindeiros ou conversões à direita:
Infração: leve;
Penalidade: multa.

Art. 205. Ultrapassar veículo em movimento que integre cortejo, préstito, desfile e formações militares, salvo com autorização da autoridade de trânsito ou de seus agentes:
Infração: leve;
Penalidade: multa.

Art. 224. Fazer uso do facho de luz alta dos faróis em vias providas de iluminação pública:
Infração: leve;
Penalidade: multa.

Art. 227. Usar buzina:
I – em situação que não a de simples toque breve como advertência ao pedestre ou a condutores de outros veículos;
II – prolongada e sucessivamente a qualquer pretexto;
III – entre as vinte e duas e as seis horas;
IV – em locais e horários proibidos pela sinalização;
V – em desacordo com os padrões e frequências estabelecidas pelo Contran:
Infração: leve;
Penalidade: multa.

Art. 241. Deixar de atualizar o cadastro de registro do veículo ou de habilitação do condutor:
Infração: leve;
Penalidade: multa.

Art. 254. É proibido ao pedestre:
I – permanecer ou andar nas pistas de rolamento, exceto para cruzá-las onde for permitido;
II – cruzar pistas de rolamento nos viadutos, pontes, ou túneis, salvo onde exista permissão;
III – atravessar a via dentro das áreas de cruzamento, salvo quando houver sinalização para esse fim;
IV – utilizar-se da via em agrupamentos capazes de perturbar o trânsito, ou para a prática de qualquer folguedo, esporte, desfiles e similares, salvo em casos especiais e com a devida licença da autoridade competente;

V – andar fora da faixa própria, passarela, passagem aérea ou subterrânea;
VI – desobedecer à sinalização de trânsito específica;
Infração: leve;
Penalidade: multa, em 50% (cinquenta por cento) do valor da infração de natureza leve.

Infrações leves com penalidade de multa e medida administrativa de remoção do veículo

Art. 181. Estacionar o veículo:
(...)
II – afastado da guia da calçada (meio-fio) de cinquenta centímetros a um metro:
Infração: leve;
Penalidade: multa;
Medida administrativa: remoção do veículo.

(...)
VII – nos acostamentos, salvo motivo de força maior:
Infração: leve;
Penalidade: multa;
Medida administrativa: remoção do veículo.

(...)
XVII – em desacordo com as condições regulamentadas especificamente pela sinalização (placa – Estacionamento Regulamentado):
Infração: leve;
Penalidade: multa;
Medida administrativa: remoção do veículo.

Infração leve com penalidade de multa e medida administrativa de retenção do veículo

Art. 232. Conduzir veículo sem os documentos de porte obrigatório referidos neste Código:
Infração: leve;
Penalidade: multa;
Medida administrativa: retenção do veículo até a apresentação do documento.

> **COMENTÁRIO:** infrações leves apresentam como penalidade apenas multa e como medidas administrativas apenas remoção e retenção do veículo.

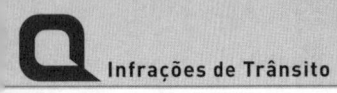

Infrações médias com penalidade de multa

Art. 171. Usar o veículo para arremessar, sobre os pedestres ou veículos, água ou detritos:
Infração: média;
Penalidade: multa.

Art. 172. Atirar do veículo ou abandonar na via objetos ou substâncias:
Infração: média;
Penalidade: multa.

Art. 178. Deixar o condutor, envolvido em acidente sem vítima, de adotar providências para remover o veículo do local, quando necessária tal medida para assegurar a segurança e a fluidez do trânsito:
Infração: média;
Penalidade: multa.

Art. 181. Estacionar o veículo:
(...)
XV – na contramão de direção:
Infração: média;
Penalidade: multa.

Art. 182. Parar o veículo:
I – nas esquinas e a menos de cinco metros do bordo do alinhamento da via transversal:
Infração: média;
Penalidade: multa.

(...)
III – afastado da guia da calçada (meio-fio) a mais de um metro:
Infração: média;
Penalidade: multa.

(...)
VII – na área de cruzamento de vias, prejudicando a circulação de veículos e pedestres:
Infração: média;
Penalidade: multa.

VIII – nos viadutos, pontes e túneis:
Infração: média;
Penalidade: multa.

IX – na contramão de direção:
Infração: média;
Penalidade: multa.

X – em local e horário proibidos especificamente pela sinalização (placa – Proibido Parar):
Infração: média;
Penalidade: multa.

Art. 183. Parar o veículo sobre a faixa de pedestres na mudança de sinal luminoso:
Infração: média;
Penalidade: multa.

Art. 185. Quando o veículo estiver em movimento, deixar de conservá-lo:
I – na faixa a ele destinada pela sinalização de regulamentação, exceto em situações de emergência;
II – nas faixas da direita, os veículos lentos e de maior porte:
Infração: média;
Penalidade: multa.

Art. 187. Transitar em locais e horários não permitidos pela regulamentação estabelecida pela autoridade competente:
I – para todos os tipos de veículos:
Infração: média;
Penalidade: multa.

Art. 188. Transitar ao lado de outro veículo, interrompendo ou perturbando o trânsito:
Infração: média;
Penalidade: multa.

Art. 197. Deixar de deslocar, com antecedência, o veículo para a faixa mais à esquerda ou mais à direita, dentro da respectiva mão de direção, quando for manobrar para um desses lados:
Infração: média;
Penalidade: multa.

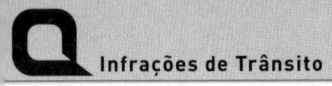

Art. 198. Deixar de dar passagem pela esquerda, quando solicitado:
Infração: média;
Penalidade: multa.

Art. 199. Ultrapassar pela direita, salvo quando o veículo da frente estiver colocado na faixa apropriada e der sinal de que vai entrar à esquerda:
Infração: média;
Penalidade: multa.

Art. 201. Deixar de guardar a distância lateral de um metro e cinquenta centímetros ao passar ou ultrapassar bicicleta:
Infração: média;
Penalidade: multa.

Art. 216. Entrar ou sair de áreas lindeiras sem estar adequadamente posicionado para ingresso na via e sem as precauções com a segurança de pedestres e de outros veículos:
Infração: média;
Penalidade: multa.

Art. 217. Entrar ou sair de fila de veículos estacionados sem dar preferência de passagem a pedestres e a outros veículos:
Infração: média;
Penalidade: multa.

Art. 218. Transitar em velocidade superior à máxima permitida para o local, medida por instrumento ou equipamento hábil, em rodovias, vias de trânsito rápido, vias arteriais e demais vias:
I – quando a velocidade for superior à máxima em até 20% (vinte por cento): *(Redação dada pela Lei nº 11.334, de 2006)*
Infração: média;
Penalidade: multa.

Art. 219. Transitar com o veículo em velocidade inferior à metade da velocidade máxima estabelecida para a via, retardando ou obstruindo o trânsito, a menos que as condições de tráfego e meteorológicas não o permitam, salvo se estiver na faixa da direita:
Infração: média;
Penalidade: multa.

Art. 222. Deixar de manter ligado, nas situações de atendimento de emergência, o sistema de iluminação vermelha intermitente dos veículos de polícia, de socorro de incêndio e salvamento, de fiscalização de trânsito e das ambulâncias, ainda que parados:
Infração: média;
Penalidade: multa.

Art. 226. Deixar de retirar todo e qualquer objeto que tenha sido utilizado para sinalização temporária da via:
Infração: média;
Penalidade: multa.

Art. 230. Conduzir o veículo:
(...)
XXI – de carga, com falta de inscrição da tara e demais inscrições previstas neste Código;
XXII – com defeito no sistema de iluminação, de sinalização ou com lâmpadas queimadas:
Infração: média;
Penalidade: multa.

Art. 236. Rebocar outro veículo com cabo flexível ou corda, salvo em casos de emergência:
Infração: média;
Penalidade: multa.

Art. 244. Conduzir motocicletas, motonetas e ciclomotores
(...)§ 1º Para ciclos aplica-se o disposto nos incisos III, VII e VIII
III – fazendo malabarismo ou equilibrando-se apenas em uma roda;
VII – sem segurar o guidom com ambas as mãos, salvo eventualmente para indicação de manobras;
VIII – transportando carga incompatível com suas especificações ou em desacordo com o previsto no § 2º do art. 139-A desta Lei; (Redação dada pela Lei nº 12.209, de 2009)
Além de:
a) conduzir passageiro fora da garupa ou do assento especial a ele destinado;
b) transitar em vias de trânsito rápido ou rodovias, salvo onde houver acostamento ou faixas de rolamento próprias;
c) transportar crianças que não tenham, nas circunstâncias, condições de cuidar de sua própria segurança.

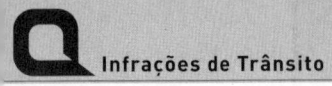

§ 2º Transitar com ciclomotores em vias de trânsito rápido ou rodovias, salvo onde houver acostamento ou faixas de rolamento próprias:
(Incluído pela Lei nº 10.517, de 2002)
Infração: média;
Penalidade: multa.

Art. 247. Deixar de conduzir pelo bordo da pista de rolamento, em fila única, os veículos de tração ou propulsão humana e os de tração animal, sempre que não houver acostamento ou faixa a eles destinados:
Infração: média;
Penalidade: multa.

Art. 249. Deixar de manter acesas, à noite, as luzes de posição, quando o veículo estiver parado, para fins de embarque ou desembarque de passageiros e carga ou descarga de mercadorias:
Infração: média;
Penalidade: multa.

Art. 250. Quando o veículo estiver em movimento:
I – deixar de manter acesa a luz baixa:
a) durante a noite;
b) de dia, nos túneis providos de iluminação pública;
c) de dia e de noite, tratando-se de veículo de transporte coletivo de passageiros, circulando em faixas ou pistas a eles destinadas;
d) de dia e de noite, tratando-se de ciclomotores;
II – deixar de manter acesas pelo menos as luzes de posição sob chuva forte, neblina ou cerração;
III – deixar de manter a placa traseira iluminada, à noite;
Infração: média;
Penalidade: multa.

Art. 251. Utilizar as luzes do veículo:
I – o pisca-alerta, exceto em imobilizações ou situações de emergência;
II – baixa e alta de forma intermitente, exceto nas seguintes situações:
a) a curtos intervalos, quando for conveniente advertir a outro condutor que se tem o propósito de ultrapassá-lo;
b) em imobilizações ou situação de emergência, como advertência, utilizando pisca-alerta;
c) quando a sinalização de regulamentação da via determinar o uso do pisca-alerta:
Infração: média;
Penalidade: multa.

Art. 252. Dirigir o veículo:
I – com o braço do lado de fora;
II – transportando pessoas, animais ou volume à sua esquerda ou entre os braços e pernas;
III – com incapacidade física ou mental temporária que comprometa a segurança do trânsito;
IV – usando calçado que não se firme nos pés ou que comprometa a utilização dos pedais;
V – com apenas uma das mãos, exceto quando deva fazer sinais regulamentares de braço, mudar a marcha do veículo, ou acionar equipamentos e acessórios do veículo;
VI – utilizando-se de fones nos ouvidos conectados a aparelhagem sonora ou de telefone celular:
Infração: média;
Penalidade: multa.

Infrações médias com penalidade de multa e medida administrativa de remoção do veículo

Art. 180. Ter seu veículo imobilizado na via por falta de combustível:
Infração: média;
Penalidade: multa;
Medida administrativa: remoção do veículo.

Art. 181. Estacionar o veículo:
I – nas esquinas e a menos de cinco metros do bordo do alinhamento da via transversal:
Infração: média;
Penalidade: multa;
Medida administrativa: remoção do veículo.

(...)
IV – em desacordo com as posições estabelecidas neste Código:
Infração: média;
Penalidade: multa;
Medida administrativa: remoção do veículo.

(...)
VI – junto ou sobre hidrantes de incêndio, registro de água ou tampas de poços de visita de galerias subterrâneas, desde que devidamente identificados, conforme especificação do Contran:
Infração: média;

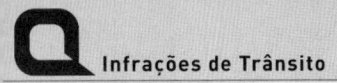

Penalidade: multa;
Medida administrativa: remoção do veículo.

(...)
IX – onde houver guia de calçada (meio-fio) rebaixada destinada à entrada ou saída de veículos:
Infração: média;
Penalidade: multa;
Medida administrativa: remoção do veículo.

X – impedindo a movimentação de outro veículo:
Infração: média;
Penalidade: multa;
Medida administrativa: remoção do veículo.

(...)
XIII – onde houver sinalização horizontal delimitadora de ponto de embarque ou desembarque de passageiros de transporte coletivo ou, na inexistência desta sinalização, no intervalo compreendido entre dez metros antes e depois do marco do ponto:
Infração: média;
Penalidade: multa;
Medida administrativa: remoção do veículo.

(...)
XVIII – em locais e horários proibidos especificamente pela sinalização (placa – Proibido Estacionar):
Infração: média;
Penalidade: multa;
Medida administrativa: remoção do veículo.

Art. 255. Conduzir bicicleta em passeios onde não seja permitida a circulação desta, ou de forma agressiva, em desacordo com o disposto no parágrafo único do art. 59:
Infração: média;
Penalidade: multa;
Medida administrativa: remoção da bicicleta, mediante recibo para o pagamento da multa.

Infração média com penalidade de multa e medidas administrativas de retenção do veículo e apreensão das placas irregulares

Art. 221. Portar no veículo placas de identificação em desacordo com as especificações e os modelos estabelecidos pelo Contran:
Infração: média;
Penalidade: multa;
Medida administrativa: retenção do veículo para regularização e apreensão das placas irregulares.

Parágrafo único. Incide na mesma penalidade aquele que confecciona, distribui ou coloca, em veículo próprio ou de terceiros, placas de identificação não autorizadas pela regulamentação.

Infração média com penalidades de multa e apreensão do veículo e medida administrativa de remoção do veículo

Art. 229. Usar indevidamente no veículo aparelho de alarme ou que produza sons e ruído que perturbem o sossego público, em desacordo com normas fixadas pelo Contran:
Infração: média;
Penalidade: multa e apreensão do veículo;
Medida administrativa: remoção do veículo.

Infração média com multa e retenção do veículo

Art. 231. Transitar com o veículo:
(...)
V – com excesso de peso, admitido percentual de tolerância quando aferido por equipamento, na forma a ser estabelecida pelo Contran:
Infração: média;
Penalidade: multa acrescida a cada duzentos quilogramas ou fração de excesso de peso apurado, constante na seguinte tabela:
a) até seiscentos quilogramas – 5 (cinco) UFIR;
b) de seiscentos e um a oitocentos quilogramas – 10 (dez) UFIR;
c) de oitocentos e um a um mil quilogramas – 20 (vinte) UFIR;
d) de um mil e um a três mil quilogramas – 30 (trinta) UFIR;
e) de três mil e um a cinco mil quilogramas – 40 (quarenta) UFIR;
f) acima de cinco mil e um quilogramas – 50 (cinquenta) UFIR:
Medida administrativa: retenção do veículo e transbordo da carga excedente;

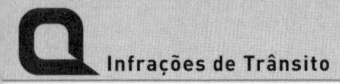

(...)
VII – com lotação excedente;
VIII – efetuando transporte remunerado de pessoas ou bens, quando não for licenciado para esse fim, salvo casos de força maior ou com permissão da autoridade competente:
Infração: média;
Penalidade: multa;
Medida administrativa: retenção do veículo;

IX – desligado ou desengrenado, em declive:
Infração: média;
Penalidade: multa;
Medida administrativa: retenção do veículo;

X – excedendo a capacidade máxima de tração:
Infração: de média a gravíssima, a depender da relação entre o excesso de peso apurado e a capacidade máxima de tração, a ser regulamentada pelo Contran;
Penalidade: multa;
Medida administrativa: retenção do veículo e transbordo de carga excedente.

Parágrafo único. Sem prejuízo das multas previstas nos incisos V e X, o veículo que transitar com excesso de peso ou excedendo à capacidade máxima de tração, não computado o percentual tolerado na forma do disposto na legislação, somente poderá continuar viagem após descarregar o que exceder, segundo critérios estabelecidos na referida legislação complementar.

> **COMENTÁRIO:** As infrações médias apresentam, com exceção do art. 229, penalizado com multa e apreensão do veículo, apenas a penalidade de multa e como medidas administrativas, salvo o art. 221, que apresenta apreensão das placas, apenas remoção e retenção.

Infrações gravíssimas com apenas penalidade de multa

Art. 166. Confiar ou entregar a direção de veículo a pessoa que, mesmo habilitada, por seu estado físico ou psíquico, não estiver em condições de dirigi-lo com segurança:
Infração: gravíssima;
Penalidade: multa.

Art. 186. Transitar pela contramão de direção em:
(...)
II – vias com sinalização de regulamentação de sentido único de circulação:
Infração: gravíssima;
Penalidade: multa.

Art. 189. Deixar de dar passagem aos veículos precedidos de batedores, de socorro de incêndio e salvamento, de polícia, de operação e fiscalização de trânsito e às ambulâncias, quando em serviço de urgência e devidamente identificados por dispositivos regulamentados de alarme sonoro e iluminação vermelha intermitentes:
Infração: gravíssima;
Penalidade: multa.

Art. 191. Forçar passagem entre veículos que, transitando em sentidos opostos, estejam na iminência de passar um pelo outro ao realizar operação de ultrapassagem:
Infração: gravíssima;
Penalidade: multa.

Art. 193. Transitar com o veículo em calçadas, passeios, passarelas, ciclovias, ciclofaixas, ilhas, refúgios, ajardinamentos, canteiros centrais e divisores de pista de rolamento, acostamentos, marcas de canalização, gramados e jardins públicos:
Infração: gravíssima;
Penalidade: multa (três vezes).

Art. 200. Ultrapassar pela direita veículo de transporte coletivo ou de escolares, parado para embarque ou desembarque de passageiros, salvo quando houver refúgio de segurança para o pedestre:
Infração: gravíssima;
Penalidade: multa.

Art. 203. Ultrapassar pela contramão outro veículo:
I – nas curvas, aclives e declives, sem visibilidade suficiente;
II – nas faixas de pedestre;
III – nas pontes, viadutos ou túneis;
IV – parado em fila junto a sinais luminosos, porteiras, cancelas, cruzamentos ou qualquer outro impedimento à livre circulação;
V – onde houver marcação viária longitudinal de divisão de fluxos opostos do tipo linha dupla contínua ou simples contínua amarela:
Infração: gravíssima;
Penalidade: multa.

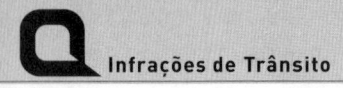

Art. 206. Executar operação de retorno:
I – em locais proibidos pela sinalização;
II – nas curvas, aclives, declives, pontes, viadutos e túneis;
III – passando por cima de calçada, passeio, ilhas, ajardinamento ou canteiros de divisões de pista de rolamento, refúgios e faixas de pedestres e nas de veículos não motorizados;
IV – nas interseções, entrando na contramão de direção da via transversal;
V – com prejuízo da livre circulação ou da segurança, ainda que em locais permitidos:
Infração: gravíssima;
Penalidade: multa.

Art. 208. Avançar o sinal vermelho do semáforo ou o de parada obrigatória:
Infração: gravíssima;
Penalidade: multa.

Art. 212. Deixar de parar o veículo antes de transpor linha férrea:
Infração: gravíssima;
Penalidade: multa.

Art. 213. Deixar de parar o veículo sempre que a respectiva marcha for interceptada:
I – por agrupamento de pessoas, como préstitos, passeatas, desfiles e outros:
Infração: gravíssima;
Penalidade: multa.

Art. 214. Deixar de dar preferência de passagem a pedestre e a veículo não motorizado:
I – que se encontre na faixa a ele destinada;
II – que não haja concluído a travessia mesmo que ocorra sinal verde para o veículo;
III – portadores de deficiência física, crianças, idosos e gestantes:
Infração: gravíssima;
Penalidade: multa.

Art. 220. Deixar de reduzir a velocidade do veículo de forma compatível com a segurança do trânsito:
I – quando se aproximar de passeatas, aglomerações, cortejos, préstitos e desfiles:
Infração: gravíssima;
Penalidade: multa.

(...)
XIV – nas proximidades de escolas, hospitais, estações de embarque e desembarque de passageiros ou onde haja intensa movimentação de pedestres:
Infração: gravíssima;
Penalidade: multa.

Art. 242. Fazer falsa declaração de domicílio para fins de registro, licenciamento ou habilitação:
Infração: gravíssima;
Penalidade: multa.

Art. 246. Deixar de sinalizar qualquer obstáculo à livre circulação, à segurança de veículo e pedestres, tanto no leito da via terrestre como na calçada, ou obstaculizar a via indevidamente:
Infração: gravíssima;
Penalidade: multa, **agravada em até cinco vezes**, a critério da autoridade de trânsito, conforme o risco à segurança.

Parágrafo único. A penalidade será aplicada à pessoa física ou jurídica responsável pela obstrução, devendo a autoridade com circunscrição sobre a via providenciar a sinalização de emergência, às expensas do responsável, ou, se possível, promover a desobstrução.

Infrações gravíssimas com penalidades de multa e apreensão do veículo e medida administrativa de recolhimento do CRLV – (Medida administrativa aplicada com base no ART. 262, § 1º)

Art. 162. Dirigir veículo:
I – sem possuir Carteira Nacional de Habilitação ou Permissão para Dirigir:
Infração: gravíssima;
Penalidade: multa **(três vezes)** e apreensão do veículo;

II – com Carteira Nacional de Habilitação ou Permissão para Dirigir cassada ou com suspensão do direito de dirigir:
Infração: gravíssima;
Penalidade: multa **(cinco vezes)** e apreensão do veículo;

> **COMENTÁRIO:** Os incisos I e II do art. 162 apresentam a penalidade de apreensão do veículo, sem definir como medida administrativa a REMOÇÃO DO VEÍCULO. Entretanto, o art. 271 determina que todo veículo apreendido será recolhido ao depósito. Não se considera a medida administrativa no artigo, mas o procedimento será o mesmo.
>
> O art. 262, § 1º, define a aplicação da medida administrativa de recolhimento do CRLV sempre que o veículo for apreendido.
>
> **Embora não apareça citada a medida nos artigos das infrações que apresentem como penalidade apreensão do veículo, o recolhimento deve ser considerado como medida administrativa.**

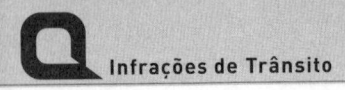

Infrações gravíssimas com penalidades de multa e suspensão do direito de dirigir e medidas administrativas de retenção do veículo e recolhimento do documento de habilitação

Art. 165. Dirigir sob a influência de álcool ou de qualquer outra substância psicoativa que determine dependência. *(Redação dada pela Lei nº 11.705, de 2008)*
Infração: gravíssima;
Penalidade: multa (cinco vezes) e suspensão do direito de dirigir por 12 (doze) meses; *(Redação dada pela Lei nº 11.705, de 2008)*
Medida administrativa: retenção do veículo até a apresentação de condutor habilitado e recolhimento do documento de habilitação. *(Redação dada pela Lei nº 11.705, de 2008)*

Parágrafo único. A embriaguez também poderá ser apurada na forma do art. 277.

Art. 170. Dirigir ameaçando os pedestres que estejam atravessando a via pública, ou os demais veículos:
Infração: gravíssima;
Penalidade: multa e suspensão do direito de dirigir;
Medida administrativa: retenção do veículo e recolhimento do documento de habilitação.

Infrações gravíssimas com penalidades de multa e suspensão do direito de dirigir e medida administrativa de recolhimento da habilitação

Art. 176. Deixar o condutor envolvido em acidente com vítima:
I – de prestar ou providenciar socorro à vítima, podendo fazê-lo;
II – de adotar providências, podendo fazê-lo, no sentido de evitar perigo para o trânsito no local;
III – de preservar o local, de forma a facilitar os trabalhos da polícia e da perícia;
IV – de adotar providências para remover o veículo do local, quando determinadas por policial ou agente da autoridade de trânsito;
V – de identificar-se ao policial e de lhe prestar informações necessárias à confecção do boletim de ocorrência:
Infração: gravíssima;
Penalidade: multa (cinco vezes) e suspensão do direito de dirigir;
Medida administrativa: recolhimento do documento de habilitação.

Art. 244. Conduzir motocicleta, motoneta e ciclomotor:
I – sem usar capacete de segurança com viseira ou óculos de proteção e vestuário de acordo com as normas e especificações aprovadas pelo Contran;

II – transportando passageiro sem o capacete de segurança, na forma estabelecida no inciso anterior, ou fora do assento suplementar colocado atrás do condutor ou em carro lateral;
III – fazendo malabarismo ou equilibrando-se apenas em uma roda;
IV – com os faróis apagados;
V – transportando criança menor de sete anos ou que não tenha, nas circunstâncias, condições de cuidar de sua própria segurança:
Infração: gravíssima;
Penalidade: multa e suspensão do direito de dirigir;
Medida administrativa: recolhimento do documento de habilitação.

Infrações gravíssimas com penalidades de multa e apreensão do veículo e medida administrativa de remoção do veículo

Art. 230. Conduzir o veículo:
I – com o lacre, a inscrição do chassi, o selo, a placa ou qualquer outro elemento de identificação do veículo violado ou falsificado;
II – transportando passageiros em compartimento de carga, salvo por motivo de força maior, com permissão da autoridade competente e na forma estabelecida pelo Contran;
III – com dispositivo antirradar;
IV – sem qualquer uma das placas de identificação;
V – que não esteja registrado e devidamente licenciado;
VI – com qualquer uma das placas de identificação sem condições de legibilidade e visibilidade:
Infração: gravíssima;
Penalidade: multa e apreensão do veículo;
Medida administrativa: remoção do veículo.

Art. 234. Falsificar ou adulterar documento de habilitação e de identificação do veículo:
Infração: gravíssima;
Penalidade: multa e apreensão do veículo;
Medida administrativa: remoção do veículo.

Art. 238. Recusar-se a entregar à autoridade de trânsito ou a seus agentes, mediante recibo, os documentos de habilitação, de registro, de licenciamento de veículo e outros exigidos por lei, para averiguação de sua autenticidade:
Infração: gravíssima;
Penalidade: multa e apreensão do veículo;
Medida administrativa: remoção do veículo.

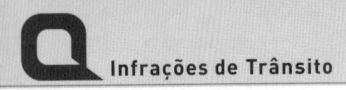

Art. 239. Retirar do local veículo legalmente retido para regularização, sem permissão da autoridade competente ou de seus agentes:
Infração: gravíssima;
Penalidade: multa e apreensão do veículo;
Medida administrativa: remoção do veículo.

Art. 253. Bloquear a via com veículo:
Infração: gravíssima;
Penalidade: multa e apreensão do veículo;
Medida administrativa: remoção do veículo.

Infrações gravíssimas com penalidades de multa e suspensão do direito de dirigir e apreensão do veículo e medidas administrativas de recolhimento da habilitação e remoção do veículo

Art. 173. Disputar corrida por espírito de emulação:
Infração: gravíssima;
Penalidade: multa (três vezes), suspensão do direito de dirigir e apreensão do veículo;
Medida administrativa: recolhimento do documento de habilitação e remoção do veículo.

Art. 174. Promover, na via, competição esportiva, eventos organizados, exibição e demonstração de perícia em manobra de veículo, ou deles participar, como condutor, sem permissão da autoridade de trânsito com circunscrição sobre a via:
Infração: gravíssima;
Penalidade: multa (cinco vezes), suspensão do direito de dirigir e apreensão do veículo;
Medida administrativa: recolhimento do documento de habilitação e remoção do veículo.

Parágrafo único. As penalidades são aplicáveis aos promotores e aos condutores participantes.

✎ **COMENTÁRIO:** Os promotores respondem apenas com multa.

Art. 175. Utilizar-se de veículo para, em via pública, demonstrar ou exibir manobra perigosa, arrancada brusca, derrapagem ou frenagem com deslizamento ou arrastamento de pneus:
Infração: gravíssima;
Penalidade: multa, suspensão do direito de dirigir e apreensão do veículo;
Medida administrativa: recolhimento do documento de habilitação e remoção do veículo.

Art. 210. Transpor, sem autorização, bloqueio viário policial:
Infração: gravíssima;
Penalidade: multa, apreensão do veículo e suspensão do direito de dirigir;
Medida administrativa: remoção do veículo e recolhimento do documento de habilitação.

Infração gravíssima com penalidade de multa e medida administrativa de retenção do veículo

Art. 168. Transportar crianças em veículo automotor sem observância das normas de segurança especiais estabelecidas neste Código:
Infração: gravíssima;
Penalidade: multa;
Medida administrativa: retenção do veículo até que a irregularidade seja sanada.

Art. 231. Transitar com o veículo:
I – danificando a via, suas instalações e equipamentos;
II – derramando, lançando ou arrastando sobre a via:
a) carga que esteja transportando;
b) combustível ou lubrificante que esteja utilizando;
c) qualquer objeto que possa acarretar risco de acidente:
Infração: gravíssima;
Penalidade: multa;
Medida administrativa: retenção do veículo para regularização.

(...)
X – excedendo a capacidade máxima de tração:
Infração: de média a gravíssima, a depender da relação entre o excesso de peso apurado e a capacidade máxima de tração, a ser regulamentada pelo Contran;
Penalidade: multa;
Medida administrativa: retenção do veículo e transbordo de carga excedente.

Infração gravíssima com penalidade de multa e medida administrativa de remoção do veículo

Art. 181. Estacionar o veículo:
(...)
V – na pista de rolamento das estradas, das rodovias, das vias de trânsito rápido e das vias dotadas de acostamento:
Infração: gravíssima;
Penalidade: multa;
Medida administrativa: remoção do veículo.

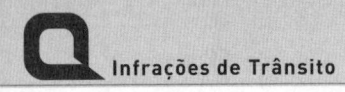

Infração gravíssima com penalidades de multa e suspensão imediata do direito de dirigir e apreensão do documento de habilitação – Lei nº 11.334, de 25 de julho de 2006

Art. 218. Transitar em velocidade superior à máxima permitida para o local, medida por instrumento ou equipamento hábil, em rodovias, vias de trânsito rápido, vias arteriais e demais vias: *(Redação dada pela Lei nº 11.334, de 2006)*
(...)
III – quando a velocidade for superior à máxima em mais de 50% (cinquenta por cento): *(Incluído pela Lei nº 11.334, de 2006)*
Infração: gravíssima; *(Incluído pela Lei nº 11.334, de 2006)*
Penalidade: multa (três vezes), suspensão imediata do direito de dirigir e apreensão do documento de habilitação. *(Incluído pela Lei nº 11.334, de 2006)*

Infração gravíssima com penalidades de multa e apreensão do veículo e medida administrativa de recolhimento do documento de habilitação

Art. 162. Dirigir veículo:
(...)
III – com Carteira Nacional de Habilitação ou Permissão para Dirigir de categoria diferente da do veículo que esteja conduzindo:
Infração: gravíssima;
Penalidade: multa (três vezes) e apreensão do veículo;
Medida administrativa: recolhimento do documento de habilitação.

Infração gravíssima com penalidade de multa e medida administrativa de recolhimento da carteira de habilitação e retenção do veículo até apresentação de condutor habilitado

Art. 162. Dirigir veículo:
(...)
V – com validade da Carteira Nacional de Habilitação vencida há mais de trinta dias:
Infração: gravíssima;
Penalidade: multa;
Medida administrativa: recolhimento da Carteira Nacional de Habilitação e retenção do veículo até a apresentação de condutor habilitado.

Infração gravíssima com penalidade de multa e medida administrativa de retenção do veículo até apresentação de condutor habilitado ou saneamento da irregularidade

Art. 162. Dirigir veículo:
(...)

VI – sem usar lentes corretoras de visão, aparelho auxiliar de audição, de prótese física ou as adaptações do veículo impostas por ocasião da concessão ou da renovação da licença para conduzir:
Infração: gravíssima;
Penalidade: multa;
Medida administrativa: retenção do veículo até o saneamento da irregularidade ou apresentação de condutor habilitado.

Infrações gravíssimas solidárias ao art. 162

Art. 163. Entregar a direção do veículo a pessoa nas condições previstas no artigo anterior:
Infração: gravíssima;
Penalidade: multa;
Medida administrativa: retenção do veículo até o saneamento da irregularidade ou apresentação de condutor habilitado.

Art. 162. (...)
I – sem possuir Carteira Nacional de Habilitação ou Permissão para Dirigir:
Infração: gravíssima;
Penalidade: multa (três vezes) e apreensão do veículo;

II – com Carteira Nacional de Habilitação ou Permissão para Dirigir cassada ou com suspensão do direito de dirigir:
Infração: gravíssima;
Penalidade: multa (cinco vezes) e apreensão do veículo;

III – com Carteira Nacional de Habilitação ou Permissão para Dirigir de categoria diferente da do veículo que esteja conduzindo:
Infração: gravíssima;
Penalidade: multa (três vezes) e apreensão do veículo;
Medida administrativa: recolhimento do documento de habilitação;

IV – (*Vetado*);
V – com validade da Carteira Nacional de Habilitação vencida há mais de trinta dias:
Infração: gravíssima;
Penalidade: multa;
Medida administrativa: recolhimento da Carteira Nacional de Habilitação e retenção do veículo até a apresentação de condutor habilitado;

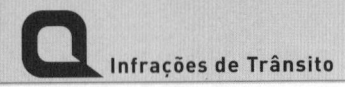

VI – sem usar lentes corretoras de visão, aparelho auxiliar de audição, de prótese física ou as adaptações do veículo impostas por ocasião da concessão ou da renovação da licença para conduzir:
Infração: gravíssima;
Penalidade: multa;
Medida administrativa: retenção do veículo até o saneamento da irregularidade ou apresentação de condutor habilitado.

> **COMENTÁRIO:** Aplica-se a medida administrativa – a mesma prevista no inciso III do artigo anterior – "recolhimento do documento de habilitação" a todos os incisos do art. 163.

Art. 164. Permitir que pessoa nas condições referidas nos incisos do art. 162 tome posse do veículo automotor e passe a conduzi-lo na via:
(...)
I – sem possuir Carteira Nacional de Habilitação ou Permissão para Dirigir:
Infração: gravíssima;
Penalidade: multa (três vezes) e apreensão do veículo;

II – com Carteira Nacional de Habilitação ou Permissão para Dirigir cassada ou com suspensão do direito de dirigir:
Infração: gravíssima;
Penalidade: multa (cinco vezes) e apreensão do veículo;

III – com Carteira Nacional de Habilitação ou Permissão para Dirigir de categoria diferente da do veículo que esteja conduzindo:
Infração: gravíssima;
Penalidade: multa (três vezes) e apreensão do veículo;
Medida administrativa: recolhimento do documento de habilitação;

IV – (Vetado);
V – com validade da Carteira Nacional de Habilitação vencida há mais de trinta dias:
Infração: gravíssima;
Penalidade: multa;
Medida administrativa: recolhimento da Carteira Nacional de Habilitação e retenção do veículo até a apresentação de condutor habilitado;

VI – sem usar lentes corretoras de visão, aparelho auxiliar de audição, de prótese física ou as adaptações do veículo impostas por ocasião da concessão ou da renovação da licença para conduzir:
Infração: gravíssima;

Penalidade: multa;
Medida administrativa: retenção do veículo até o saneamento da irregularidade ou apresentação de condutor habilitado.

> **COMENTÁRIO:** Aplica-se a medida administrativa – a mesma prevista no inciso III do art. 162 – "recolhimento do documento de habilitação" – a todos os incisos do art. 164.

Infrações graves com penalidade de multa

Art. 177. Deixar o condutor de prestar socorro à vítima de acidente de trânsito quando solicitado pela autoridade e seus agentes:
Infração: grave;
Penalidade: multa.

Art. 182. Parar o veículo:
(...)
V – na pista de rolamento das estradas, das rodovias, das vias de trânsito rápido e das demais vias dotadas de acostamento:
Infração: grave;
Penalidade: multa.

Art. 184. Transitar com o veículo:
(...)
II – na faixa ou pista da esquerda regulamentada como de circulação exclusiva para determinado tipo de veículo:
Infração: grave;
Penalidade: multa.

Art. 186. Transitar pela contramão de direção em:
I – vias com duplo sentido de circulação, exceto para ultrapassar outro veículo e apenas pelo tempo necessário, respeitada a preferência do veículo que transitar em sentido contrário:
Infração: grave;
Penalidade: multa.

Art. 190. Seguir veículo em serviço de urgência, estando este com prioridade de passagem devidamente identificada por dispositivos regulamentares de alarme sonoro e iluminação vermelha intermitentes:
Infração: grave;
Penalidade: multa.

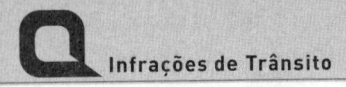

Art. 192. Deixar de guardar distância de segurança lateral e frontal entre o seu veículo e os demais, bem como em relação ao bordo da pista, considerando-se, no momento, a velocidade, as condições climáticas do local da circulação e do veículo:
Infração: grave;
Penalidade: multa.

Art. 194. Transitar em marcha à ré, salvo na distância necessária a pequenas manobras e de forma a não causar riscos à segurança:
Infração: grave;
Penalidade: multa.

Art. 195. Desobedecer às ordens emanadas da autoridade competente de trânsito ou de seus agentes:
Infração: grave;
Penalidade: multa.

Art. 196. Deixar de indicar com antecedência, mediante gesto regulamentar de braço ou luz indicadora de direção do veículo, o início da marcha, a realização da manobra de parar o veículo, a mudança de direção ou de faixa de circulação:
Infração: grave;
Penalidade: multa.

Art. 202. Ultrapassar outro veículo:
I – pelo acostamento;
II – em interseções e passagens de nível:
Infração: grave;
Penalidade: multa.

Art. 204. Deixar de parar o veículo no acostamento à direita, para aguardar a oportunidade de cruzar a pista ou entrar à esquerda, onde não houver local apropriado para operação de retorno:
Infração: grave;
Penalidade: multa.

Art. 207. Executar operação de conversão à direita ou à esquerda em locais proibidos pela sinalização:
Infração: grave;
Penalidade: multa.

Art. 209. Transpor, sem autorização, bloqueio viário com ou sem sinalização ou dispositivos auxiliares, deixar de adentrar às áreas destinadas à pesagem de veículos ou evadir-se para não efetuar o pagamento do pedágio:
Infração: grave;
Penalidade: multa.

Art. 211. Ultrapassar veículos em fila, parados em razão de sinal luminoso, cancela, bloqueio viário parcial ou qualquer outro obstáculo, com exceção dos veículos não motorizados:
Infração: grave;
Penalidade: multa.

Art. 213. Deixar de parar o veículo sempre que a respectiva marcha for interceptada:
(...)
II – por agrupamento de veículos, como cortejos, formações militares e outros:
Infração: grave:
Penalidade: multa.

Art. 214. Deixar de dar preferência de passagem a pedestre e a veículo não motorizado:
(...)
IV – quando houver iniciado a travessia mesmo que não haja sinalização a ele destinada;
V – que esteja atravessando a via transversal para onde se dirige o veículo:
Infração: grave;
Penalidade: multa.

Art. 215. Deixar de dar preferência de passagem:
I – em interseção não sinalizada:
a) a veículo que estiver circulando por rodovia ou rotatória;
b) a veículo que vier da direita;
II – nas interseções com sinalização de regulamentação de Dê a Preferência:
Infração: grave;
Penalidade: multa.

Art. 218. Transitar com velocidade superior à máxima permitida para o local, medida por instrumento ou equipamento hábil, em rodovias, vias de trânsito rápido, vias arteriais e demais vias: *(Redação dada pela Lei nº 11.334, de 2006)*

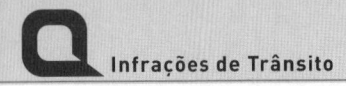

(...)
II – quando a velocidade for superior a máxima em mais de 20% (vinte por cento) até 50% (cinquenta por cento): *(Redação dada pela Lei nº 11.334, de 2006)*
Infração: grave;
Penalidade: multa.

Art. 220. Deixar de reduzir a velocidade do veículo de forma compatível com a segurança do trânsito:
(...)
II – nos locais onde o trânsito esteja sendo controlado pelo agente da autoridade de trânsito, mediante sinais sonoros ou gestos;
III – ao aproximar-se da guia da calçada (meio-fio) ou acostamento;
IV – ao aproximar-se de ou passar por interseção não sinalizada;
V – nas vias rurais cuja faixa de domínio não esteja cercada;
VI – nos trechos em curva de pequeno raio;
VII – ao aproximar-se de locais sinalizados com advertência de obras ou trabalhadores na pista;
VIII – sob chuva, neblina, cerração ou ventos fortes;
IX – quando houver má visibilidade;
X – quando o pavimento se apresentar escorregadio, defeituoso ou avariado;
XI – à aproximação de animais na pista;
XII – em declive;
XIII – ao ultrapassar ciclista:
Infração: grave;
Penalidade: multa.

Art. 225. Deixar de sinalizar a via, de forma a prevenir os demais condutores e, à noite, não manter acesas as luzes externas ou omitir-se quanto a providências necessárias para tornar visível o local, quando:
I – tiver de remover o veículo da pista de rolamento ou permanecer no acostamento;
II – a carga for derramada sobre a via e não puder ser retirada imediatamente:
Infração: grave;
Penalidade: multa.

Infrações graves com penalidade de multa e medida administrativa de remoção do veículo

Art. 179. Fazer ou deixar que se faça reparo em veículo na via pública, salvo nos casos de impedimento absoluto de sua remoção e em que o veículo esteja devidamente sinalizado:
I – em pista de rolamento de rodovias e vias de trânsito rápido:
Infração: grave;

Penalidade: multa;
Medida administrativa: remoção do veículo.

Art. 181. Estacionar o veículo:
(...)
III – afastado da guia da calçada (meio-fio) a mais de um metro:
Infração: grave;
Penalidade: multa;
Medida administrativa: remoção do veículo.

(...)
VIII – no passeio ou sobre faixa destinada a pedestre, sobre ciclovia ou ciclofaixa, bem como nas ilhas, refúgios, ao lado ou sobre canteiros centrais, divisores de pista de rolamento, marcas de canalização, gramados ou jardim público:
Infração: grave;
Penalidade: multa;
Medida administrativa: remoção do veículo.

(...)
XI – ao lado de outro veículo em fila dupla:
Infração: grave;
Penalidade: multa;
Medida administrativa: remoção do veículo.

XII – na área de cruzamento de vias, prejudicando a circulação de veículos e pedestres:
Infração: grave;
Penalidade: multa;
Medida administrativa: remoção do veículo.

(...)
XIV – nos viadutos, pontes e túneis:
Infração: grave;
Penalidade: multa;
Medida administrativa: remoção do veículo.

(...)
XVI – em aclive ou declive, não estando devidamente freado e sem calço de segurança, quando se tratar de veículo com peso bruto total superior a três mil e quinhentos quilogramas:
Infração: grave;
Penalidade: multa;
Medida administrativa: remoção do veículo.

(...)
XIX – em locais e horários de estacionamento e parada proibidos pela sinalização (placa – Proibido Parar e Estacionar):
Infração: grave;
Penalidade: multa;
Medida administrativa: remoção do veículo.

> **COMENTÁRIO:** § 1º Nos casos previstos neste artigo, a autoridade de trânsito aplicará a penalidade preferencialmente após a remoção do veículo.

Infrações graves com penalidade de multa e medida administrativa de retenção do veículo

Art. 167. Deixar o condutor ou passageiro de usar o cinto de segurança, conforme previsto no art. 65:
Infração: grave;
Penalidade: multa;
Medida administrativa: retenção do veículo até colocação do cinto pelo infrator.

Art. 223. Transitar com o farol desregulado ou com o facho de luz alta de forma a perturbar a visão de outro condutor:
Infração: grave;
Penalidade: multa;
Medida administrativa: retenção do veículo para regularização.

Art. 228. Usar no veículo equipamento com som em volume ou frequência que não sejam autorizados pelo Contran:
Infração: grave;
Penalidade: multa;
Medida administrativa: retenção do veículo para regularização.

Art. 230. Conduzir o veículo:
(...)
VII – com a cor ou característica alterada;
VIII – sem ter sido submetido à inspeção de segurança veicular, quando obrigatória;
IX – sem equipamento obrigatório ou estando este ineficiente ou inoperante;
X – com equipamento obrigatório em desacordo com o estabelecido pelo Contran;
XI – com descarga livre ou silenciador de motor de explosão defeituoso, deficiente ou inoperante;
XII – com equipamento ou acessório proibido;

XIII – com o equipamento do sistema de iluminação e de sinalização alterados;
XIV – com registrador instantâneo inalterável de velocidade e tempo viciado ou defeituoso, quando houver exigência desse aparelho;
XV – com inscrições, adesivos, legendas e símbolos de caráter publicitário afixados ou pintados no pára-brisa e em toda a extensão da parte traseira do veículo, exceutadas as hipóteses previstas neste Código;
XVI – com vidros total ou parcialmente cobertos por películas refletivas ou não, painéis decorativos ou pinturas;
XVII – com cortinas ou persianas fechadas, não autorizadas pela legislação;
XVIII – em mau estado de conservação, comprometendo a segurança, ou reprovado na avaliação de inspeção de segurança e de emissão de poluentes e ruído, prevista no art. 104;
XIX – sem acionar o limpador de para-brisa sob chuva:
Infração: grave;
Penalidade: multa;
Medida administrativa: retenção do veículo para regularização.

Art. 231. Transitar com o veículo:
(...)
III – produzindo fumaça, gases ou partículas em níveis superiores aos fixados pelo Contran;
IV – com suas dimensões ou de sua carga superiores aos limites estabelecidos legalmente ou pela sinalização, sem autorização:
Infração: grave;
Penalidade: multa;
Medida administrativa: retenção do veículo para regularização;

(...)
X – excedendo a capacidade máxima de tração:
Infração: de média a gravíssima, a depender da relação entre o excesso de peso apurado e a capacidade máxima de tração, a ser regulamentada pelo Contran;
Penalidade: multa;
Medida administrativa: retenção do veículo e transbordo de carga excedente.

Art. 233. Deixar de efetuar o registro de veículo no prazo de trinta dias, junto ao órgão executivo de trânsito, ocorridas as hipóteses previstas no art. 123:
Infração: grave;
Penalidade: multa;
Medida administrativa: retenção do veículo para regularização.

Art. 235. Conduzir pessoas, animais ou cargas nas partes externas do veículo, salvo nos casos devidamente autorizados:

Infração: grave;
Penalidade: multa;
Medida administrativa: retenção do veículo para transbordo.

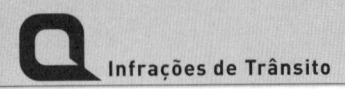

Art. 237. Transitar com o veículo em desacordo com as especificações, e com falta de inscrição e simbologia necessárias à sua identificação, quando exigidas pela legislação:
Infração: grave;
Penalidade: multa;
Medida administrativa: retenção do veículo para regularização.

Art. 248. Transportar em veículo destinado ao transporte de passageiros carga excedente em desacordo com o estabelecido no art. 109:
Infração: grave;
Penalidade: multa;
Medida administrativa: retenção para o transbordo.

Infração grave com penalidade de multa e medida administrativa de recolhimento do CRV e do CRLV

Art. 240. Deixar o responsável de promover a baixa do registro de veículo irrecuperável ou definitivamente desmontado:
Infração: grave;
Penalidade: multa;
Medida administrativa: recolhimento do Certificado de Registro e do CRLV.

Infração grave com penalidade de multa e medida administrativa de recolhimento das placas e documentos

Art. 243. Deixar a empresa seguradora de comunicar ao órgão executivo de trânsito competente a ocorrência de perda total do veículo e de lhe devolver as respectivas placas e documentos:
Infração: grave;
Penalidade: multa;
Medida administrativa: recolhimento das placas e dos documentos.

Infração grave com penalidade de multa e medida administrativa de remoção da mercadoria e do material

Art. 245. Utilizar a via para depósito de mercadorias, materiais ou equipamentos, sem autorização do órgão ou entidade de trânsito com circunscrição sobre a via:
Infração: grave;
Penalidade: multa;
Medida administrativa: remoção da mercadoria ou do material.

Parágrafo único. A penalidade e a medida administrativa incidirão sobre a pessoa física ou jurídica responsável.

Infração grave com penalidades de multa e apreensão do veículo e medida administrativa de recolhimento do CRLV (art. 262, § 1º)

Art. 230. Conduzir o veículo:
(...)
XX – sem portar a autorização para condução de escolares, na forma estabelecida no art. 136:
Infração: grave;
Penalidade: multa e apreensão do veículo.

Infração grave com penalidades de multa e apreensão do veículo e medidas administrativas de recolhimento do CRLV (art. 262, § 1º) e remoção do veículo

Art. 231. Transitar com o veículo:
(...)
VI – em desacordo com a autorização especial, expedida pela autoridade competente para transitar com dimensões excedentes, ou quando a mesma estiver vencida:
Infração: grave;
Penalidade: multa e apreensão do veículo;
Medida administrativa: remoção do veículo.

Infração grave com penalidades de multa e medida administrativa de apreensão do veículo para regularização

Art. 244. Conduzir motocicleta, motoneta e ciclomotor:
(...)
VI – rebocando outro veículo;
VII – sem segurar o guidom com ambas as mãos, salvo eventualmente para indicação de manobras;
VIII – transportando carga incompatível com suas especificações ou em desacordo com o parágrafo 2º do art. 139-A, desta Lei. *(Redação dada pela Lei nº 12.209 de 2009)*;
IX – efetuando transporte remunerado de mercadorias em desacordo com o previsto no art. 139-A, desta Lei ou com as normas que regem a atividade profissional dos mototaxistas. (Incluído pela Lei nº 12.209 de 2009)
Infração: grave; (Incluído pela Lei nº 12.209 de 2009)
Penalidade: multa; (Incluído pela Lei nº 12.209 de 2009)
Medida administrativa: apreensão do veículo para regularização. (Incluído pela Lei nº 12.209 de 2009)

Capítulo 2

Exercícios

ENTREGAR A DIREÇÃO...

1. **Entregar a direção do veículo a pessoa com Carteira Nacional de Habilitação ou Permissão para Dirigir cassada ou com suspensão do direito de dirigir.**
   Infração: ( ) gravíssima ( ) grave ( ) média ( ) leve
   Pontos: ( ) 07 ( ) 05 ( ) 04 ( ) 03
   Penalidade: Multa ( ) R$191,54 ( ) R$127,69 ( ) R$85,13 ( ) R$53,20 ( ) R$191,54 x 5 ( ) apreensão do veículo
   Medida administrativa: ( ) recolhimento do documento de habilitação

2. **Entregar a direção do veículo a pessoa que não possua Carteira Nacional de Habilitação ou Permissão para Dirigir.**
   Infração: ( ) gravíssima ( ) grave ( ) média ( ) leve
   Pontos: ( ) 07 ( ) 05 ( ) 04 ( ) 03
   Penalidade: Multa ( ) R$191,54 ( ) R$127,69 ( ) R$85,13 ( ) R$53,20 ( ) R$191,54 x 3 ( ) apreensão do veículo
   Medida administrativa: ( ) recolhimento do documento de habilitação

3. **Entregar a direção do veículo a pessoa com Carteira Nacional de Habilitação ou Permissão para Dirigir de categoria diferente da do veículo que esteja conduzindo.**
   Infração: ( ) gravíssima ( ) grave ( ) média ( ) leve
   Pontos: ( ) 07 ( ) 05 ( ) 04 ( ) 03
   Penalidade: Multa ( ) R$191,54 ( ) R$127,69 ( ) R$85,13 ( ) R$53,20 ( ) R$191,54 x 3 ( ) apreensão do veículo
   Medida administrativa: ( ) recolhimento do documento de habilitação

4. **Entregar a direção do veículo a pessoa com validade da Carteira Nacional de Habilitação vencida há mais de 30 dias.**
   Infração: ( ) gravíssima ( ) grave ( ) média ( ) leve
   Pontos: ( ) 07 ( ) 05 ( ) 04 ( ) 03

Penalidade: Multa ( ) R$191,54 ( ) R$127,69 ( ) R$85,13 ( ) R$53,20
( ) R$191,54 x 3 ( ) apreensão do veículo
Medida administrativa: ( ) recolhimento do documento de habilitação

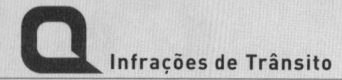

5. **Entregar a direção do veículo a pessoa que não esteja usando lentes corretoras de visão, aparelho auxiliar de audição, de prótese física ou as adaptações do veículo impostas por ocasião da concessão ou renovação da licença para conduzir.**

    Infração: ( ) gravíssima ( ) grave ( ) média ( ) leve
    Pontos: ( ) 07 ( ) 05 ( ) 04 ( ) 03
    Penalidade: Multa ( ) R$191,54 ( ) R$127,69 ( ) R$85,13 ( ) R$53,20
    ( ) R$191,54 x 3 ( ) apreensão do veículo
    Medida administrativa: ( ) recolhimento do documento de habilitação

✏ **OCORRÊNCIA:** todas gravíssimas

PERMITIR QUE TOME POSSE...

6. **Permitir que tome posse do veículo automotor e passe a conduzi-lo na via a pessoa com Carteira Nacional de Habilitação ou permissão para dirigir cassada ou com suspensão do direito de dirigir.**

    Infração: ( ) gravíssima ( ) grave ( ) média ( ) leve
    Pontos: ( ) 07 ( ) 05 ( ) 04 ( ) 03
    Penalidade: Multa ( ) R$191,54 ( ) R$127,69 ( ) R$85,13 ( ) R$53,20
    ( ) R$191,54 x 5 ( ) apreensão do veículo
    Medida administrativa: ( ) recolhimento do documento de habilitação

7. **Permitir que tome posse do veículo automotor e passe a conduzi-lo na via a pessoa que não possua Carteira Nacional de Habilitação ou permissão para dirigir.**

    Infração: ( ) gravíssima ( ) grave ( ) média ( ) leve
    Pontos: ( ) 07 ( ) 05 ( ) 04 ( ) 03
    Penalidade: Multa ( ) R$191,54 ( ) R$127,69 ( ) R$85,13 ( ) R$53,20
    ( ) R$191,54 x 3 ( ) apreensão do veículo
    Medida administrativa: ( ) recolhimento do documento de habilitação

8. **Permitir que tome posse do veículo automotor e passe a conduzi-lo na via a pessoa com Carteira Nacional de Habilitação ou permissão para dirigir de categoria diferente da do veículo que esteja conduzindo.**

    Infração: ( ) gravíssima ( ) grave ( ) média ( ) leve

Pontos: ( ) 07 ( ) 05 ( ) 04 ( ) 03
Penalidade: Multa ( ) R$191,54 ( ) R$127,69 ( ) R$85,13 ( ) R$53,20
( ) R$191,54 x 3 ( ) apreensão do veículo
Medida administrativa: ( ) recolhimento do documento de habilitação

9. Permitir que tome posse do veículo automotor e passe a conduzi-lo na via a pessoa com validade da Carteira Nacional de Habilitação vencida há mais de 30 dias.
    Infração: ( ) gravíssima ( ) grave ( ) média ( ) leve
    Pontos: ( ) 07 ( ) 05 ( ) 04 ( ) 03
    Penalidade: Multa ( ) R$191,54 ( ) R$127,69 ( ) R$85,13 ( ) R$53,20
    ( ) R$191,54 x 5 ( ) apreensão do veículo
    Medida administrativa: ( ) recolhimento do documento de habilitação

10. Permitir que tome posse do veículo automotor e passe a conduzi-lo na via a pessoa sem usar lentes corretoras de visão, aparelho auxiliar de audição, de prótese física ou as adaptações do veículo impostas por ocasião da concessão ou renovação da licença para conduzir.
    Infração: ( ) gravíssima ( ) grave ( ) média ( ) leve
    Pontos: ( ) 07 ( ) 05 ( ) 04 ( ) 03
    Penalidade: Multa ( ) R$191,54 ( ) R$127,69 ( ) R$85,13 ( ) R$53,20
    ( ) R$191,54 x 5 ( ) apreensão do veículo
    Medida administrativa: ( ) recolhimento do documento de habilitação

✎ **OCORRÊNCIA:** todas gravíssimas

ESTACIONAR O VEÍCULO...

11. Estacionar o veículo na pista de rolamento das estradas, das rodovias, das vias de trânsito rápido e das vias dotadas de acostamento.
    Infração: ( ) gravíssima ( ) grave ( ) média ( ) leve
    Pontos: ( ) 07 ( ) 05 ( ) 04 ( ) 03
    Penalidade: Multa ( ) R$191,54 ( ) R$127,69 ( ) R$85,13 ( ) R$53,20
    Medida administrativa: ( ) remoção do veículo

12. Estacionar o veículo afastado da guia da calçada (meio-fio) a mais de um metro.
    Infração: ( ) gravíssima ( ) grave ( ) média ( ) leve
    Pontos: ( ) 07 ( ) 05 ( ) 04 ( ) 03
    Penalidade: Multa ( ) R$191,54 ( ) R$127,69 ( ) R$85,13 ( ) R$53,20
    Medida administrativa: ( ) remoção do veículo

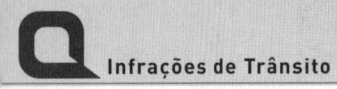

13. Estacionar o veículo no passeio ou sobre faixa destinada a pedestre, sobre ciclovia ou ciclofaixa, bem como nas ilhas, refúgios, ao lado ou sobre canteiros centrais, divisores de pista de rolamento, marcas de canalização, gramados ou jardim público.
    Infração: ( ) gravíssima ( ) grave ( ) média ( ) leve
    Pontos: ( ) 07 ( ) 05 ( ) 04 ( ) 03
    Penalidade: Multa ( ) R$191,54 ( ) R$127,69 ( ) R$85,13 ( ) R$53,20
    Medida administrativa: ( ) remoção do veículo

14. Estacionar o veículo ao lado de outro veículo em fila dupla.
    Infração: ( ) gravíssima ( ) grave ( ) média ( ) leve
    Pontos: ( ) 07 ( ) 05 ( ) 04 ( ) 03
    Penalidade: Multa ( ) R$191,54 ( ) R$127,69 ( ) R$85,13 ( ) R$53,20
    Medida administrativa: ( ) remoção do veículo

15. Estacionar o veículo na área de cruzamento de vias, prejudicando a circulação de veículos e pedestres.
    Infração: ( ) gravíssima ( ) grave ( ) média ( ) leve
    Pontos: ( ) 07 ( ) 05 ( ) 04 ( ) 03
    Penalidade: Multa ( ) R$191,54 ( ) R$127,69 ( ) R$85,13 ( ) R$53,20
    Medida administrativa: ( ) remoção do veículo

16. Estacionar o veículo nos viadutos, pontes e túneis.
    Infração: ( ) gravíssima ( ) grave ( ) média ( ) leve
    Pontos: ( ) 07 ( ) 05 ( ) 04 ( ) 03
    Penalidade: Multa ( ) R$191,54 ( ) R$127,69 ( ) R$85,13 ( ) R$53,20
    Medida administrativa: ( ) remoção do veículo

17. Estacionar o veículo em aclive ou declive, não estando devidamente freado e sem calço de segurança, quando se tratar de veículo com peso bruto total superior a três mil e quinhentos quilogramas.
    Infração: ( ) gravíssima ( ) grave ( ) média ( ) leve
    Pontos: ( ) 07 ( ) 05 ( ) 04 ( ) 03
    Penalidade: Multa ( ) R$191,54 ( ) R$127,69 ( ) R$85,13 ( ) R$53,20
    Medida administrativa: ( ) remoção do veículo

18. Estacionar o veículo em locais e horários de estacionamento e parada proibida pela sinalização (placa – Proibido Parar e Estacionar).
    Infração: ( ) gravíssima ( ) grave ( ) média ( ) leve
    Pontos: ( ) 07 ( ) 05 ( ) 04 ( ) 03
    Penalidade: Multa ( ) R$191,54 ( ) R$127,69 ( ) R$85,13 ( ) R$53,20
    Medida administrativa: ( ) remoção do veículo

19. Estacionar o veículo nas esquinas e a menos de cinco metros do bordo do alinhamento da via transversal.
    Infração: ( ) gravíssima ( ) grave ( ) média ( ) leve
    Pontos: ( ) 07 ( ) 05 ( ) 04 ( ) 03
    Penalidade: Multa ( ) R$191,54 ( ) R$127,69 ( ) R$85,13 ( ) R$53,20
    Medida administrativa: ( ) remoção do veículo

20. Estacionar o veículo em desacordo com as posições estabelecidas no Código de Trânsito Brasileiro.
    Infração: ( ) gravíssima ( ) grave ( ) média ( ) leve
    Pontos: ( ) 07 ( ) 05 ( ) 04 ( ) 03
    Penalidade: Multa ( ) R$191,54 ( ) R$127,69 ( ) R$85,13 ( ) R$53,20
    Medida administrativa: ( ) remoção do veículo

21. Estacionar o veículo junto ou sobre hidrantes de incêndio, registro de água ou tampas de poços de visita de galerias subterrâneas desde que devidamente identificados, conforme especificação do Contran.
    Infração: ( ) gravíssima ( ) grave ( ) média ( ) leve
    Pontos: ( ) 07 ( ) 05 ( ) 04 ( ) 03
    Penalidade: Multa ( ) R$191,54 ( ) R$127,69 ( ) R$85,13 ( ) R$53,20
    Medida administrativa: ( ) remoção do veículo

22. Estacionar o veículo onde houver guia de calçada (meio-fio) rebaixada destinada à entrada ou saída de veículos.
    Infração: ( ) gravíssima ( ) grave ( ) média ( ) leve
    Pontos: ( ) 07 ( ) 05 ( ) 04 ( ) 03
    Penalidade: Multa ( ) R$191,54 ( ) R$127,69 ( ) R$85,13 ( ) R$53,20
    Medida administrativa: ( ) remoção do veículo

23. Estacionar o veículo impedindo a movimentação de outro veículo.
    Infração: ( ) gravíssima ( ) grave ( ) média ( ) leve
    Pontos: ( ) 07 ( ) 05 ( ) 04 ( ) 03
    Penalidade: Multa ( ) R$191,54 ( ) R$127,69 ( ) R$85,13 ( ) R$53,20
    Medida administrativa: ( ) remoção do veículo

24. Estacionar o veículo onde houver sinalização horizontal delimitadora de ponto de embarque ou desembarque de passageiros de transporte coletivo ou, na inexistência desta sinalização, no intervalo compreendido entre dez metros antes e depois do marco do ponto.
    Infração: ( ) gravíssima ( ) grave ( ) média ( ) leve

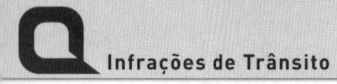

Pontos: ( ) 07 ( ) 05 ( ) 04 ( ) 03
Penalidade: Multa ( ) R$191,54 ( ) R$127,69 ( ) R$85,13 ( ) R$53,20
Medida administrativa: ( ) remoção do veículo

25. **Estacionar o veículo em locais e horários proibidos especificamente pela sinalização (placa – Proibido Estacionar).**
    Infração: ( ) gravíssima ( ) grave ( ) média ( ) leve
    Pontos: ( ) 07 ( ) 05 ( ) 04 ( ) 03
    Penalidade: Multa ( ) R$191,54 ( ) R$127,69 ( ) R$85,13 ( ) R$53,20
    Medida administrativa: ( ) remoção do veículo

26. **Estacionar o veículo na contramão de direção.**
    Infração: ( ) gravíssima ( ) grave ( ) média ( ) leve
    Pontos: ( ) 07 ( ) 05 ( ) 04 ( ) 03
    Penalidade: Multa ( ) R$191,54 ( ) R$127,69 ( ) R$85,13 ( ) R$53,20
    Medida administrativa: ( ) remoção do veículo

27. **Estacionar o veículo afastado da guia da calçada (meio-fio) de cinquenta centímetros a um metro.**
    Infração: ( ) gravíssima ( ) grave ( ) média ( ) leve
    Pontos: ( ) 07 ( ) 05 ( ) 04 ( ) 03
    Penalidade: Multa ( ) R$191,54 ( ) R$127,69 ( ) R$85,13 ( ) R$53,20
    Medida administrativa: ( ) remoção do veículo

28. **Estacionar o veículo nos acostamentos, salvo motivo de força maior.**
    Infração: ( ) gravíssima ( ) grave ( ) média ( ) leve
    Pontos: ( ) 07 ( ) 05 ( ) 04 ( ) 03
    Penalidade: Multa ( ) R$191,54 ( ) R$127,69 ( ) R$85,13 ( ) R$53,20
    Medida administrativa: ( ) remoção do veículo

29. **Estacionar o veículo em desacordo com as condições regulamentadas especificamente pela sinalização (placa – Estacionamento Regulamentado).**
    Infração: ( ) gravíssima ( ) grave ( ) média ( ) leve
    Pontos: ( ) 07 ( ) 05 ( ) 04 ( ) 03
    Penalidade: Multa ( ) R$191,54 ( ) R$127,69 ( ) R$85,13 ( ) R$53,20
    Medida administrativa: ( ) remoção do veículo

✏ **OCORRÊNCIA:** 01 gravíssima; 07 graves; 08 médias; 03 leves

PARAR O VEÍCULO...

30. Parar o veículo na pista de rolamento das estradas, das rodovias, das vias de trânsito rápido e das demais vias dotadas de acostamento.
    Infração: ( ) gravíssima ( ) grave ( ) média ( ) leve
    Pontos: ( ) 07 ( ) 05 ( ) 04 ( ) 03
    Penalidade: Multa ( ) R$191,54 ( ) R$127,69 ( ) R$85,13 ( ) R$53,20
    Medida administrativa: ( ) remoção do veículo

31. Parar o veículo nas esquinas e a menos de cinco metros do bordo do alinhamento da via transversal.
    Infração: ( ) gravíssima ( ) grave ( ) média ( ) leve
    Pontos: ( ) 07 ( ) 05 ( ) 04 ( ) 03
    Penalidade: Multa ( ) R$191,54 ( ) R$127,69 ( ) R$85,13 ( ) R$53,20
    Medida administrativa: ( ) remoção do veículo

32. Parar o veículo afastado da guia da calçada (meio-fio) a mais de um metro.
    Infração: ( ) gravíssima ( ) grave ( ) média ( ) leve
    Pontos: ( ) 07 ( ) 05 ( ) 04 ( ) 03
    Penalidade: Multa ( ) R$191,54 ( ) R$127,69 ( ) R$85,13 ( ) R$53,20
    Medida administrativa: ( ) remoção do veículo

33. Parar o veículo na área de cruzamento de vias, prejudicando a circulação de veículos e pedestres.
    Infração: ( ) gravíssima ( ) grave ( ) média ( ) leve
    Pontos: ( ) 07 ( ) 05 ( ) 04 ( ) 03
    Penalidade: Multa ( ) R$191,54 ( ) R$127,69 ( ) R$85,13 ( ) R$53,20
    Medida administrativa: ( ) remoção do veículo

34. Parar o veículo nos viadutos, pontes e túneis.
    Infração: ( ) gravíssima ( ) grave ( ) média ( ) leve
    Pontos: ( ) 07 ( ) 05 ( ) 04 ( ) 03
    Penalidade: Multa ( ) R$191,54 ( ) R$127,69 ( ) R$85,13 ( ) R$53,20
    Medida administrativa: ( ) remoção do veículo

35. Parar o veículo em local e horário proibidos especificamente pela sinalização (placa – Proibido Parar).
    Infração: ( ) gravíssima ( ) grave ( ) média ( ) leve
    Pontos: ( ) 07 ( ) 05 ( ) 04 ( ) 03
    Penalidade: Multa ( ) R$191,54 ( ) R$127,69 ( ) R$85,13 ( ) R$53,20
    Medida administrativa: ( ) remoção do veículo

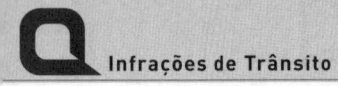

36. **Parar o veículo na contramão de direção.**
    Infração: ( ) gravíssima ( ) grave ( ) média ( ) leve
    Pontos: ( ) 07 ( ) 05 ( ) 04 ( ) 03
    Penalidade: Multa ( ) R$191,54 ( ) R$127,69 ( ) R$85,13 ( ) R$53,20
    Medida administrativa: ( ) remoção do veículo

37. **Parar o veículo sobre a faixa de pedestres na mudança de sinal luminoso.**
    Infração: ( ) gravíssima ( ) grave ( ) média ( ) leve
    Pontos: ( ) 07 ( ) 05 ( ) 04 ( ) 03
    Penalidade: Multa ( ) R$191,54 ( ) R$127,69 ( ) R$85,13 ( ) R$53,20
    Medida administrativa: ( ) remoção do veículo

38. **Parar o veículo afastado da guia da calçada (meio-fio) de cinquenta centímetros a um metro.**
    Infração: ( ) gravíssima ( ) grave ( ) média ( ) leve
    Pontos: ( ) 07 ( ) 05 ( ) 04 ( ) 03
    Penalidade: Multa ( ) R$191,54 ( ) R$127,69 ( ) R$85,13 ( ) R$53,20
    Medida administrativa: ( ) remoção do veículo

39. **Parar o veículo em desacordo com as posições estabelecidas no Código de Trânsito Brasileiro.**
    Infração: ( ) gravíssima ( ) grave ( ) média ( ) leve
    Pontos: ( ) 07 ( ) 05 ( ) 04 ( ) 03
    Penalidade: Multa ( ) R$191,54 ( ) R$127,69 ( ) R$85,13 ( ) R$53,20
    Medida administrativa: ( ) remoção do veículo

40. **Parar o veículo no passeio ou sobre faixa destinada a pedestres, nas ilhas, refúgios, canteiros centrais e divisores de pista de rolamento e marcas de canalização.**
    Infração: ( ) gravíssima ( ) grave ( ) média ( ) leve
    Pontos: ( ) 07 ( ) 05 ( ) 04 ( ) 03
    Penalidade: Multa ( ) R$191,54 ( ) R$127,69 ( ) R$85,13 ( ) R$53,20
    Medida administrativa: ( ) remoção do veículo

OCORRÊNCIA: 00 gravíssima; 01 grave; 07 médias; 03 leves

TRANSITAR...

41. **Transitar em velocidade superior à máxima permitida para o local, medida por instrumento ou equipamento hábil, em rodovias, vias de trânsito rápido,**

vias arteriais e demais vias, quando a velocidade for superior à máxima em até 20% (vinte por cento).
   Infração: ( ) gravíssima ( ) grave ( ) média ( ) leve
   Pontos: ( ) 07 ( ) 05 ( ) 04 ( ) 03
   Penalidade: Multa ( ) R$191,54 ( ) R$127,69 ( ) R$85,13 ( ) R$53,20 ( ) R$191,54 x 3 ( ) apreensão do documento de habilitação ( ) suspensão imediata do direito de dirigir

42. Transitar em velocidade superior à máxima permitida para o local, medida por instrumento ou equipamento hábil, em rodovias, vias de trânsito rápido, vias arteriais e demais vias, quando a velocidade for superior à máxima em mais de 20% (vinte por cento) até 50% (cinquenta por cento).
    Infração: ( ) gravíssima ( ) grave ( ) média ( ) leve
    Pontos: ( ) 07 ( ) 05 ( ) 04 ( ) 03
    Penalidade: Multa ( ) R$191,54 ( ) R$127,69 ( ) R$85,13 ( ) R$53,20 ( ) R$191,54 X 3 ( ) apreensão documento de habilitação ( ) suspensão imediata do direito de dirigir

43. Transitar com o veículo em calçadas, passeios, passarelas, ciclovias, ciclofaixas, ilhas, refúgios, ajardinamentos, canteiros centrais e divisores de pista de rolamento, acostamentos, marcas de canalização, gramados e jardins públicos.
    Infração: ( ) gravíssima ( ) grave ( ) média ( ) leve
    Pontos: ( ) 07 ( ) 05 ( ) 04 ( ) 03
    Penalidade: Multa ( ) R$191,54 ( ) R$127,69 ( ) R$85,13 ( ) R$53,20 ( ) R$191,54 x 3 ( ) suspensão do direito de dirigir
    Medida administrativa: ( ) remoção do veículo ( ) retenção para transbordo ( ) retenção para regularização ( ) recolhimento do documento de habilitação

44. Transitar pela contramão de direção em vias com sinalização de regulamentação de sentido único de circulação.
    Infração: ( ) gravíssima ( ) grave ( ) média ( ) leve
    Pontos: ( ) 07 ( ) 05 ( ) 04 ( ) 03
    Penalidade: Multa ( ) R$191,54 ( ) R$127,69 ( ) R$85,13 ( ) R$53,20 ( ) R$191,54 x 3 ( ) apreensão do veículo ( ) suspensão do direito de dirigir
    Medida administrativa: ( ) remoção do veículo ( ) retenção para regularização ( ) recolhimento do documento de habilitação

45. Transitar com o veículo danificando a via, suas instalações e equipamentos.
    Infração: ( ) gravíssima ( ) grave ( ) média ( ) leve
    Pontos: ( ) 07 ( ) 05 ( ) 04 ( ) 03

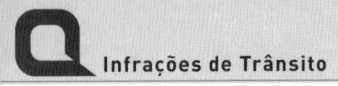

Penalidade: Multa ( ) R$191,54 ( ) R$127,69 ( ) R$85,13 ( ) R$53,20 ( ) R$191,54 x 3 ( ) apreensão do veículo ( ) suspensão do direito de dirigir
Medida administrativa: ( ) remoção do veículo ( ) retenção para regularização ( ) recolhimento do documento de habilitação

46. **Transitar com o veículo derramando, lançando ou arrastando sobre a via carga que esteja transportando.**
    Infração: ( ) gravíssima ( ) grave ( ) média ( ) leve
    Pontos: ( ) 07 ( ) 05 ( ) 04 ( ) 03
    Penalidade: Multa ( ) R$191,54 ( ) R$127,69 ( ) R$85,13 ( ) R$53,20 ( ) R$191,54 x 3 ( ) apreensão do veículo ( ) suspensão do direito de dirigir
    Medida administrativa: ( ) remoção do veículo ( ) retenção para regularização ( ) recolhimento do documento de habilitação

47. **Transitar com o veículo derramando, lançando ou arrastando sobre a via combustível ou lubrificante que esteja utilizando.**
    Infração: ( ) gravíssima ( ) grave ( ) média ( ) leve
    Pontos: ( ) 07 ( ) 05 ( ) 04 ( ) 03
    Penalidade: Multa ( ) R$191,54 ( ) R$127,69 ( ) R$85,13 ( ) R$53,20 ( ) R$191,54 x 3 ( ) apreensão do veículo ( ) suspensão do direito de dirigir
    Medida administrativa: ( ) remoção do veículo ( ) retenção para regularização ( ) recolhimento do documento de habilitação

48. **Transitar com o veículo derramando, lançando ou arrastando qualquer objeto que possa acarretar risco de acidente.**
    Infração: ( ) gravíssima ( ) grave ( ) média ( ) leve
    Pontos: ( ) 07 ( ) 05 ( ) 04 ( ) 03
    Penalidade: Multa ( ) R$191,54 ( ) R$127,69 ( ) R$85,13 ( ) R$53,20 ( ) R$191,54 x 3 ( ) apreensão do veículo ( ) suspensão do direito de dirigir
    Medida administrativa: ( ) remoção do veículo ( ) retenção para regularização ( ) recolhimento do documento de habilitação

49. **Transitar com o veículo excedendo a capacidade máxima de tração, em infração considerada gravíssima pelo Contran.**
    Infração: ( ) gravíssima ( ) grave ( ) média ( ) leve
    Pontos: ( ) 07 ( ) 05 ( ) 04 ( ) 03
    Penalidade: Multa ( ) R$191,54 ( ) R$127,69 ( ) R$85,13 ( ) R$53,20 ( ) R$191,54 x 3 ( ) apreensão do veículo ( ) suspensão do direito de dirigir
    Medida administrativa: ( ) remoção do veículo ( ) retenção para transbordo ( ) recolhimento do documento de habilitação

50. Transitar com o veículo em desacordo com a autorização especial, expedida pela autoridade competente para transitar com dimensões excedentes, ou quando a mesma estiver vencida.
    Infração: ( ) gravíssima ( ) grave ( ) média ( ) leve
    Pontos: ( ) 07 ( ) 05 ( ) 04 ( ) 03
    Penalidade: Multa ( ) R$191,54 ( ) R$127,69 ( ) R$85,13 ( ) R$53,20 ( ) R$191,54 x 3 ( ) apreensão do veículo ( ) suspensão do direito de dirigir **Medida administrativa:** ( ) remoção do veículo ( ) retenção para regularização ( ) recolhimento do documento de habilitação

51. Transitar com o veículo excedendo a capacidade máxima de tração, em infração considerada grave pelo Contran.
    Infração: ( ) gravíssima ( ) grave ( ) média ( ) leve
    Pontos: ( ) 07 ( ) 05 ( ) 04 ( ) 03
    Penalidade: Multa ( ) R$191,54 ( ) R$127,69 ( ) R$85,13 ( ) R$53,20 ( ) R$191,54 x 3 ( ) apreensão do veículo ( ) suspensão do direito de dirigir
    Medida administrativa: ( ) remoção do veículo ( ) retenção para transbordo ( ) recolhimento do documento de habilitação

52. Transitar com o farol desregulado ou com o facho de luz alta de forma a perturbar a visão de outro condutor.
    Infração: ( ) gravíssima ( ) grave ( ) média ( ) leve
    Pontos: ( ) 07 ( ) 05 ( ) 04 ( ) 03
    Penalidade: Multa ( ) R$191,54 ( ) R$127,69 ( ) R$85,13 ( ) R$53,20 ( ) R$191,54 x 3 ( ) apreensão do veículo ( ) suspensão do direito de dirigir
    Medida administrativa: ( ) remoção do veículo ( ) retenção para regularização ( ) recolhimento do documento de habilitação

53. Transitar com o veículo em desacordo com as especificações, e com falta de inscrição e simbologia necessárias à sua identificação, quando exigidas pela legislação.
    Infração: ( ) gravíssima ( ) grave ( ) média ( ) leve
    Pontos: ( ) 07 ( ) 05 ( ) 04 ( ) 03
    Penalidade: Multa ( ) R$191,54 ( ) R$127,69 ( ) R$85,13 ( ) R$53,20 ( ) R$191,54 x 3 ( ) apreensão do veículo ( ) suspensão do direito de dirigir
    Medida administrativa: ( ) remoção do veículo ( ) retenção para regularização ( ) recolhimento do documento de habilitação

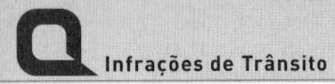

54. Transitar com o veículo produzindo fumaça, gases ou partículas em níveis superiores aos fixados pelo Contran.
    Infração: ( ) gravíssima ( ) grave ( ) média ( ) leve
    Pontos: ( ) 07 ( ) 05 ( ) 04 ( ) 03
    Penalidade: Multa ( ) R$191,54 ( ) R$127,69 ( ) R$85,13 ( ) R$53,20 ( ) R$191,54 x 3 ( ) apreensão do veículo ( ) suspensão do direito de dirigir
    Medida administrativa: ( ) remoção do veículo ( ) retenção para regularização ( ) recolhimento do documento de habilitação

55. Transitar com o veículo com suas dimensões ou de sua carga superiores aos limites estabelecidos legalmente ou pela sinalização, sem autorização.
    Infração: ( ) gravíssima ( ) grave ( ) média ( ) leve
    Pontos: ( ) 07 ( ) 05 ( ) 04 ( ) 03
    Penalidade: Multa ( ) R$191,54 ( ) R$127,69 ( ) R$85,13 ( ) R$53,20 ( ) R$191,54 x 3 ( ) apreensão do veículo ( ) suspensão do direito de dirigir
    Medida administrativa: ( ) remoção do veículo ( ) retenção para regularização ( ) recolhimento do documento de habilitação

56. Transitar em marcha a ré, salvo na distância necessária e pequenas manobras e de forma a não causar riscos à segurança.
    Infração: ( ) gravíssima ( ) grave ( ) média ( ) leve
    Pontos: ( ) 07 ( ) 05 ( ) 04 ( ) 03
    Penalidade: Multa ( ) R$191,54 ( ) R$127,69 ( ) R$85,13 ( ) R$53,20 ( ) R$191,54 x 3 ( ) apreensão do veículo ( ) suspensão do direito de dirigir
    Medida administrativa: ( ) remoção do veículo ( ) retenção para regularização ( ) recolhimento do documento de habilitação

57. Transitar em velocidade superior à máxima permitida para o local, medida por instrumento ou equipamento hábil, em rodovias, vias de trânsito rápido, vias arteriais e demais vias, quando a velocidade for superior à máxima em mais de 50% (cinquenta por cento).
    Infração: ( ) gravíssima ( ) grave ( ) média ( ) leve
    Pontos: ( ) 07 ( ) 05 ( ) 04 ( ) 03
    Penalidade: Multa ( ) R$191,54 ( ) R$127,69 ( ) R$85,13 ( ) R$53,20 ( ) R$191,54 x 3 ( ) apreensão do documento de habilitação ( ) suspensão imediata do direito de dirigir

58. Transitar pela contramão de direção em vias com duplo sentido de circulação, exceto para ultrapassar outro veículo e apenas pelo tempo necessário, respeitada a preferência do veículo que transitar em sentido contrário.
    Infração: ( ) gravíssima ( ) grave ( ) média ( ) leve

Pontos: ( ) 07 ( ) 05 ( ) 04 ( ) 03
Penalidade: Multa ( ) R$191,54 ( ) R$127,69 ( ) R$85,13 ( ) R$53,20 ( ) R$191,54 x 3 ( ) apreensão do veículo ( ) suspensão do direito de dirigir
Medida administrativa: ( ) recolhimento do documento de habilitação

59. **Transitar com o veículo na faixa ou pista da esquerda regulamentada como de circulação exclusiva para determinado tipo de veículo.**
    Infração: ( ) gravíssima ( ) grave ( ) média ( ) leve
    Pontos: ( ) 07 ( ) 05 ( ) 04 ( ) 03
    Penalidade: Multa ( ) R$191,54 ( ) R$127,69 ( ) R$85,13 ( ) R$53,20 ( ) R$191,54 x 3 ( ) apreensão do veículo ( ) suspensão do direito de dirigir
    Medida administrativa: ( ) recolhimento do documento de habilitação

60. **Transitar com o veículo com lotação excedente.**
    Infração: ( ) gravíssima ( ) grave ( ) média ( ) leve
    Pontos: ( ) 07 ( ) 05 ( ) 04 ( ) 03
    Penalidade: Multa ( ) R$191,54 ( ) R$127,69 ( ) R$85,13 ( ) R$53,20 ( ) R$191,54 x 3 ( ) apreensão do veículo ( ) suspensão do direito de dirigir
    Medida administrativa: ( ) remoção do veículo ( ) retenção do veículo ( ) recolhimento do documento de habilitação

61. **Transitar com o veículo efetuando transporte remunerado de pessoas ou bens, quando não for licenciado para esse fim, salvo casos de força maior ou com permissão da autoridade competente.**
    Infração: ( ) gravíssima ( ) grave ( ) média ( ) leve
    Pontos: ( ) 07 ( ) 05 ( ) 04 ( ) 03
    Penalidade: Multa ( ) R$191,54 ( ) R$127,69 ( ) R$85,13 ( ) R$53,20 ( ) R$191,54 x 3 ( ) apreensão do veículo ( ) suspensão do direito de dirigir
    Medida administrativa: ( ) remoção do veículo ( ) retenção do veículo ( ) recolhimento do documento de habilitação

62. **Transitar com o veículo desligado ou desengrenado, em declive.**
    Infração: ( ) gravíssima ( ) grave ( ) média ( ) leve
    Pontos: ( ) 07 ( ) 05 ( ) 04 ( ) 03
    Penalidade: Multa ( ) R$191,54 ( ) R$127,69 ( ) R$85,13 ( ) R$53,20 ( ) R$191,54 x 3 ( ) apreensão do veículo ( ) suspensão do direito de dirigir
    Medida administrativa: ( ) remoção do veículo ( ) retenção do veículo ( ) recolhimento do documento de habilitação

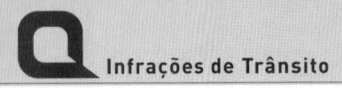

63. Transitar com o veículo excedendo a capacidade máxima de tração, em infração considerada média pelo Contran.
    Infração: ( ) gravíssima ( ) grave ( ) média ( ) leve
    Pontos: ( ) 07 ( ) 05 ( ) 04 ( ) 03
    Penalidade: Multa ( ) R$191,54 ( ) R$127,69 ( ) R$85,13 ( ) R$53,20 ( ) R$191,54 x 3 ( ) apreensão do veículo ( ) suspensão do direito de dirigir
    Medida administrativa: ( ) remoção do veículo ( ) retenção para transbordo ( ) recolhimento do documento de habilitação

64. Transitar com o veículo em velocidade inferior à metade da velocidade máxima estabelecida para a via, retardando ou obstruindo o trânsito, a menos que as condições de tráfego e meteorológicas não o permitam, salvo se estiver na faixa da direita.
    Infração: ( ) gravíssima ( ) grave ( ) média ( ) leve
    Pontos: ( ) 07 ( ) 05 ( ) 04 ( ) 03
    Penalidade: Multa ( ) R$191,54 ( ) R$127,69 ( ) R$85,13 ( ) R$53,20 ( ) R$191,54 x 3 ( ) apreensão do veículo ( ) suspensão do direito de dirigir
    Medida administrativa: ( ) remoção do veículo ( ) retenção para regularização ( ) recolhimento do documento de habilitação

65. Transitar ao lado de outro veículo, interrompendo ou perturbando o trânsito.
    Infração: ( ) gravíssima ( ) grave ( ) média ( ) leve
    Pontos: ( ) 07 ( ) 05 ( ) 04 ( ) 03
    Penalidade: Multa ( ) R$191,54 ( ) R$127,69 ( ) R$85,13 ( ) R$53,20 ( ) R$191,54 x 3 ( ) apreensão do veículo ( ) suspensão do direito de dirigir
    Medida administrativa: ( ) remoção do veículo ( ) retenção para regularização ( ) recolhimento do documento de habilitação

66. Transitar em locais e horários não permitidos pela regulamentação estabelecida pela autoridade competente, para todos os tipos de veículos.
    Infração: ( ) gravíssima ( ) grave ( ) média ( ) leve
    Pontos: ( ) 07 ( ) 05 ( ) 04 ( ) 03
    Penalidade: Multa ( ) R$191,54 ( ) R$127,69 ( ) R$85,13 ( ) R$53,20 ( ) R$191,54 x 3 ( ) apreensão do veículo ( ) suspensão do direito de dirigir
    Medida administrativa: ( ) remoção do veículo ( ) retenção para regularização ( ) recolhimento do documento de habilitação

67. Transitar com o veículo com excesso de peso, admitido percentual de tolerância quando aferido por equipamento.
    Infração: ( ) gravíssima ( ) grave ( ) média ( ) leve
    Pontos: ( ) 07 ( ) 05 ( ) 04 ( ) 03

Penalidade: Multa ( ) R$191,54 ( ) R$127,69 ( ) R$85,13 acrescida ( ) R$53,20 ( ) R$191,54 x 3 ( ) apreensão do veículo ( ) suspensão do direito de dirigir
Medida administrativa: ( ) remoção do veículo ( ) retenção para transbordo ( ) recolhimento do documento de habilitação

68. **Transitar com o veículo na faixa ou pista da direita, regulamentada como de circulação exclusiva para determinado tipo de veículo, exceto para acesso a imóveis lindeiros ou conversões à direita.**
    Infração: ( ) gravíssima ( ) grave ( ) média ( ) leve
    Pontos: ( ) 07 ( ) 05 ( ) 04 ( ) 03
    Penalidade: Multa ( ) R$191,54 ( ) R$127,69 ( ) R$85,13 ( ) R$53,20 ( ) R$191,54 x 3 ( ) apreensão do veículo ( ) suspensão do direito de dirigir
    Medida administrativa: ( ) remoção do veículo ( ) recolhimento do documento de habilitação

✍ **OCORRÊNCIA:** 08 gravíssimas; 10 graves; 09 médias; 01 leve

DIRIGIR...

69. **Dirigir sob a influência de álcool ou de qualquer outra substância psicoativa que determine dependência. (Redação dada pela Lei nº 11.705 de 2008)**
    Infração: ( ) gravíssima ( ) grave ( ) média ( ) leve
    Pontos: ( ) 07 ( ) 05 ( ) 04 ( ) 03
    Penalidade: Multa ( ) R$191,54 ( ) R$127,69 ( ) R$85,13 ( ) R$53,20 ( ) R$191,54 x 3 ( ) R$191,54 x 5 ( ) apreensão do veículo ( ) suspensão do direito de dirigir por 12(doze meses)
    Medida administrativa: ( ) remoção do veículo ( ) retenção do veículo até apresentação de condutor habilitado ( ) recolhimento do documento de habilitação

70. **Dirigir veículo com Carteira Nacional de Habilitação ou permissão para dirigir cassada ou com suspensão do direito de dirigir.**
    Infração: ( ) gravíssima ( ) grave ( ) média ( ) leve
    Pontos: ( ) 07 ( ) 05 ( ) 04 ( ) 03
    Penalidade: Multa ( ) R$191,54 ( ) R$127,69 ( ) R$85,13 ( ) R$53,20 ( ) R$191,54 x 3 ( ) R$191,54 x 5 ( ) apreensão do veículo ( ) suspensão do direito de dirigir
    Medida administrativa: ( ) remoção do veículo ( ) retenção até apresentação de condutor habilitado ( ) recolhimento do documento de habilitação

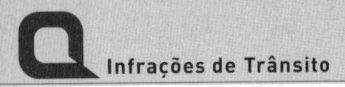

71. **Dirigir veículo com Carteira Nacional de Habilitação ou permissão para dirigir de categoria diferente da do veículo que esteja conduzindo.**
    Infração: ( ) gravíssima ( ) grave ( ) média ( ) leve
    Pontos: ( ) 07 ( ) 05 ( ) 04 ( ) 03
    Penalidade: Multa ( ) R$191,54 ( ) R$127,69 ( ) R$85,13 ( ) R$53,20 ( ) R$191,54 x 3 ( ) apreensão do veículo ( ) suspensão do direito de dirigir
    Medida administrativa: ( ) remoção do veículo ( ) retenção até apresentação de condutor habilitado ( ) recolhimento do documento de habilitação

72. **Dirigir veículo sem possuir Carteira Nacional de Habilitação ou permissão para dirigir.**
    Infração: ( ) gravíssima ( ) grave ( ) média ( ) leve
    Pontos: ( ) 07 ( ) 05 ( ) 04 ( ) 03
    Penalidade: Multa ( ) R$191,54 ( ) R$127,69 ( ) R$85,13 ( ) R$53,20 ( ) R$191,54 x 3 ( ) apreensão do veículo ( ) suspensão do direito de dirigir
    Medida administrativa: ( ) remoção do veículo ( ) retenção até apresentação de condutor habilitado ( ) recolhimento do documento de habilitação

73. **Dirigir ameaçando os pedestres que estejam atravessando a via pública, ou os demais veículos.**
    Infração: ( ) gravíssima ( ) grave ( ) média ( ) leve
    Pontos: ( ) 07 ( ) 05 ( ) 04 ( ) 03
    Penalidade: Multa ( ) R$191,54 ( ) R$127,69 ( ) R$85,13 ( ) R$53,20 ( ) R$191,54 x 3 ( ) apreensão do veículo ( ) suspensão do direito de dirigir
    Medida administrativa: ( ) remoção do veículo ( ) retenção do veículo ( ) recolhimento do documento de habilitação

74. **Dirigir veículo sem usar lentes corretoras de visão, aparelho auxiliar de audição, de prótese física ou as adaptações do veículo impostas por ocasião da concessão ou renovação da licença para conduzir.**
    Infração: ( ) gravíssima ( ) grave ( ) média ( ) leve
    Pontos: ( ) 07 ( ) 05 ( ) 04 ( ) 03
    Penalidade: Multa ( ) R$191,54 ( ) R$127,69 ( ) R$85,13 ( ) R$53,20 ( ) R$191,54 x 3 ( ) apreensão do veículo ( ) suspensão do direito de dirigir
    Medida administrativa: ( ) remoção do veículo ( ) retenção do veículo até saneamento da irregularidade ou apresentação de condutor habilitado ( ) recolhimento do documento de habilitação

75. **Dirigir veículo com validade da Carteira Nacional de Habilitação vencida há mais de 30 dias.**
    Infração: ( ) gravíssima ( ) grave ( ) média ( ) leve
    Pontos: ( ) 07 ( ) 05 ( ) 04 ( ) 03
    Penalidade: Multa ( ) R$191,54 ( ) R$127,69 ( ) R$85,13 ( ) R$53,20 ( ) R$191,54 x 3 ( ) apreensão do veículo ( ) suspensão do direito de dirigir
    Medida administrativa: ( ) remoção do veículo ( ) retenção até apresentação de condutor habilitado ( ) recolhimento do documento de habilitação

76. **Dirigir o veículo com o braço do lado de fora.**
    Infração: ( ) gravíssima ( ) grave ( ) média ( ) leve
    Pontos: ( ) 07 ( ) 05 ( ) 04 ( ) 03
    Penalidade: Multa ( ) R$191,54 ( ) R$127,69 ( ) R$85,13 ( ) R$53,20 ( ) R$191,54 x 3 ( ) apreensão do veículo ( ) suspensão do direito de dirigir
    Medida administrativa: ( ) remoção do veículo ( ) retenção até apresentação de condutor habilitado ( ) recolhimento do documento de habilitação

77. **Dirigir o veículo transportando pessoas, animais ou volume à sua esquerda ou entre os braços e pernas.**
    Infração: ( ) gravíssima ( ) grave ( ) média ( ) leve
    Pontos: ( ) 07 ( ) 05 ( ) 04 ( ) 03
    Penalidade: Multa ( ) R$191,54 ( ) R$127,69 ( ) R$85,13 ( ) R$53,20 ( ) R$191,54 x 3 ( ) apreensão do veículo ( ) suspensão do direito de dirigir
    Medida administrativa: ( ) remoção do veículo ( ) retenção até apresentação de condutor habilitado ( ) recolhimento do documento de habilitação

78. **Dirigir o veículo com incapacidade física ou mental temporária que comprometa a segurança do trânsito.**
    Infração: ( ) gravíssima ( ) grave ( ) média ( ) leve
    Pontos: ( ) 07 ( ) 05 ( ) 04 ( ) 03
    Penalidade: Multa ( ) R$191,54 ( ) R$127,69 ( ) R$85,13 ( ) R$53,20 ( ) R$191,54 x 3 ( ) apreensão do veículo ( ) suspensão do direito de dirigir
    Medida administrativa: ( ) remoção do veículo ( ) retenção até apresentação de condutor habilitado ( ) recolhimento do documento de habilitação

79. **Dirigir o veículo usando calçado que não se firme nos pés ou que comprometa a utilização dos pedais.**
    Infração: ( ) gravíssima ( ) grave ( ) média ( ) leve
    Pontos: ( ) 07 ( ) 05 ( ) 04 ( ) 03

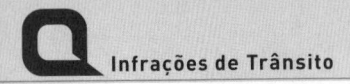

Penalidade: Multa ( ) R$191,54 ( ) R$127,69 ( ) R$85,13 ( ) R$53,20 ( ) R$191,54 x 3 ( ) apreensão do veículo ( ) suspensão do direito de dirigir
Medida administrativa: ( ) remoção do veículo ( ) retenção até apresentação de condutor habilitado ( ) recolhimento do documento de habilitação

80. **Dirigir o veículo com apenas uma das mãos, exceto quando deva fazer sinais regulamentares de braço, mudar a marcha do veículo, ou acionar equipamentos e acessórios do veículo.**
    Infração: ( ) gravíssima ( ) grave ( ) média ( ) leve
    Pontos: ( ) 07 ( ) 05 ( ) 04 ( ) 03
    Penalidade: Multa ( ) R$191,54 ( ) R$127,69 ( ) R$85,13 ( ) R$53,20 ( ) R$191,54 x 3 ( ) apreensão do veículo ( ) suspensão do direito de dirigir
    Medida administrativa: ( ) remoção do veículo ( ) recolhimento do documento de habilitação

81. **Dirigir o veículo utilizando-se de fones nos ouvidos conectados a aparelhagem sonora ou de telefone celular.**
    Infração: ( ) gravíssima ( ) grave ( ) média ( ) leve
    Pontos: ( ) 07 ( ) 05 ( ) 04 ( ) 03
    Penalidade: Multa ( ) R$191,54 ( ) R$127,69 ( ) R$85,13 ( ) R$53,20 ( ) R$191,54 x 3 ( ) apreensão do veículo ( ) suspensão do direito de dirigir
    Medida administrativa: ( ) remoção do veículo ( ) recolhimento do documento de habilitação

82. **Dirigir sem atenção ou sem os cuidados indispensáveis à segurança.**
    Infração: ( ) gravíssima ( ) grave ( ) média ( ) leve
    Pontos: ( ) 07 ( ) 05 ( ) 04 ( ) 03
    Penalidade: Multa ( ) R$191,54 ( ) R$127,69 ( ) R$85,13 ( ) R$53,20 ( ) R$191,54 x 3 ( ) apreensão do veículo ( ) suspensão do direito de dirigir
    Medida administrativa: ( ) remoção do veículo ( ) retenção até apresentação de condutor habilitado ( ) recolhimento do documento de habilitação

✎ **OCORRÊNCIA:** 07 gravíssimas; 00 grave; 06 médias; 01 leve

CONDUZIR...

83. **Conduzir motocicleta, motoneta e ciclomotor sem usar capacete de segurança com viseira ou óculos de proteção e vestuário de acordo com as normas e especificações aprovadas pelo Contran.**

Infração: ( ) gravíssima ( ) grave ( ) média ( ) leve
Pontos: ( ) 07 ( ) 05 ( ) 04 ( ) 03
Penalidade: Multa ( ) R$191,54 ( ) R$127,69 ( ) R$85,13 ( ) R$53,20
( ) apreensão do veículo ( ) suspensão do direito de dirigir
Medida administrativa: ( ) remoção do veículo ( ) retenção do veículo para regularização ( ) recolhimento do documento de habilitação

84. **Conduzir motocicleta, motoneta e ciclomotor transportando passageiro sem o capacete de segurança com viseira ou óculos de proteção, ou fora do assento suplementar colocado atrás do condutor ou em carro lateral.**
    Infração: ( ) gravíssima ( ) grave ( ) média ( ) leve
    Pontos: ( ) 07 ( ) 05 ( ) 04 ( ) 03
    Penalidade: Multa ( ) R$191,54 ( ) R$127,69 ( ) R$85,13 ( ) R$53,20
    ( ) apreensão do veículo ( ) suspensão do direito de dirigir
    Medida administrativa: ( ) remoção do veículo ( ) retenção do veículo para regularização ( ) recolhimento do documento de habilitação

85. **Conduzir motocicleta, motoneta, ciclomotor e ciclo fazendo malabarismo ou equilibrando-se apenas em uma roda.**
    Infração: ( ) gravíssima ( ) grave ( ) média ( ) leve
    Pontos: ( ) 07 ( ) 05 ( ) 04 ( ) 03
    Penalidade: Multa ( ) R$191,54 ( ) R$127,69 ( ) R$85,13 ( ) R$53,20
    ( ) apreensão do veículo ( ) suspensão do direito de dirigir
    Medida administrativa: ( ) remoção do veículo ( ) retenção do veículo para regularização ( ) recolhimento do documento de habilitação

86. **Conduzir motocicleta, motoneta e ciclomotor com os faróis apagados.**
    Infração: ( ) gravíssima ( ) grave ( ) média ( ) leve
    Pontos: ( ) 07 ( ) 05 ( ) 04 ( ) 03
    Penalidade: Multa ( ) R$191,54 ( ) R$127,69 ( ) R$85,13 ( ) R$53,20
    ( ) apreensão do veículo ( ) suspensão do direito de dirigir
    Medida administrativa: ( ) remoção do veículo ( ) retenção do veículo para regularização ( ) recolhimento do documento de habilitação

87. **Conduzir motocicleta, motoneta e ciclomotor transportando criança menor de sete anos ou que não tenha, nas circunstâncias, condições de cuidar de sua própria segurança.**
    Infração: ( ) gravíssima ( ) grave ( ) média ( ) leve
    Pontos: ( ) 07 ( ) 05 ( ) 04 ( ) 03

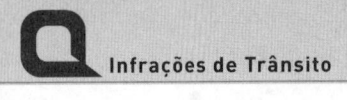

Penalidade: Multa ( ) R$191,54 ( ) R$127,69 ( ) R$85,13 ( ) R$53,20 ( ) apreensão do veículo ( ) suspensão do direito de dirigir
Medida administrativa: ( ) remoção do veículo ( ) retenção do veículo para regularização ( ) recolhimento do documento de habilitação

88. **Conduzir o veículo com o lacre, a inscrição do chassi, o selo, a placa ou qualquer outro elemento de identificação do veículo violado ou falsificado.**
    Infração: ( ) gravíssima ( ) grave ( ) média ( ) leve
    Pontos: ( ) 07 ( ) 05 ( ) 04 ( ) 03
    Penalidade: Multa ( ) R$191,54 ( ) R$127,69 ( ) R$85,13 ( ) R$53,20 ( ) apreensão do veículo ( ) suspensão do direito de dirigir
    Medida administrativa: ( ) remoção do veículo ( ) retenção do veículo para regularização ( ) retenção até apresentação do documento ( ) recolhimento do documento de habilitação

89. **Conduzir o veículo transportando passageiros em compartimento de carga, salvo por motivo de força maior, com permissão da autoridade competente e na forma estabelecida pelo Contran.**
    Infração: ( ) gravíssima ( ) grave ( ) média ( ) leve
    Pontos: ( ) 07 ( ) 05 ( ) 04 ( ) 03
    Penalidade: Multa ( ) R$191,54 ( ) R$127,69 ( ) R$85,13 ( ) R$53,20 ( ) apreensão do veículo ( ) suspensão do direito de dirigir
    Medida administrativa: ( ) remoção do veículo ( ) retenção do veículo para regularização ( ) recolhimento do documento de habilitação

90. **Conduzir o veículo com dispositivo antirradar.**
    Infração: ( ) gravíssima ( ) grave ( ) média ( ) leve
    Pontos: ( ) 07 ( ) 05 ( ) 04 ( ) 03
    Penalidade: Multa ( ) R$191,54 ( ) R$127,69 ( ) R$85,13 ( ) R$53,20 ( ) apreensão do veículo ( ) suspensão do direito de dirigir
    Medida administrativa: ( ) remoção do veículo ( ) retenção do veículo para regularização ( ) recolhimento do documento de habilitação

91. **Conduzir o veículo sem qualquer uma das placas de identificação.**
    Infração: ( ) gravíssima ( ) grave ( ) média ( ) leve
    Pontos: ( ) 07 ( ) 05 ( ) 04 ( ) 03
    Penalidade: Multa ( ) R$191,54 ( ) R$127,69 ( ) R$85,13 ( ) R$53,20 ( ) apreensão do veículo ( ) suspensão do direito de dirigir
    Medida administrativa: ( ) remoção do veículo ( ) retenção do veículo para regularização ( ) recolhimento do documento de habilitação

92. **Conduzir o veículo que não esteja registrado e devidamente licenciado.**
    Infração: ( ) gravíssima ( ) grave ( ) média ( ) leve
    Pontos: ( ) 07 ( ) 05 ( ) 04 ( ) 03
    Penalidade: Multa ( ) R$191,54 ( ) R$127,69 ( ) R$85,13 ( ) R$53,20
    ( ) apreensão do veículo ( ) suspensão do direito de dirigir
    Medida administrativa: ( ) remoção do veículo ( ) retenção do veículo para regularização ( ) retenção até apresentação do documento ( ) recolhimento do documento de habilitação

93. **Conduzir o veículo com qualquer uma das placas de identificação sem condições de legibilidade e visibilidade.**
    Infração: ( ) gravíssima ( ) grave ( ) média ( ) leve
    Pontos: ( ) 07 ( ) 05 ( ) 04 ( ) 03
    Penalidade: Multa ( ) R$191,54 ( ) R$127,69 ( ) R$85,13 ( ) R$53,20
    ( ) apreensão do veículo ( ) suspensão do direito de dirigir
    Medida administrativa: ( ) remoção do veículo ( ) retenção do veículo para regularização ( ) recolhimento do documento de habilitação

94. **Conduzir o veículo sem portar a autorização para condução de escolares.**
    Infração: ( ) gravíssima ( ) grave ( ) média ( ) leve
    Pontos: ( ) 07 ( ) 05 ( ) 04 ( ) 03
    Penalidade: Multa ( ) R$191,54 ( ) R$127,69 ( ) R$85,13 ( ) R$53,20
    ( ) apreensão do veículo ( ) suspensão do direito de dirigir
    Medida administrativa: ( ) remoção do veículo ( ) retenção do veículo para regularização ( ) retenção até apresentação do documento ( ) recolhimento do documento de habilitação

95. **Conduzir pessoas, animais ou carga nas partes externas do veículo, salvo nos casos devidamente autorizados.**
    Infração: ( ) gravíssima ( ) grave ( ) média ( ) leve
    Pontos: ( ) 07 ( ) 05 ( ) 04 ( ) 03
    Penalidade: Multa ( ) R$191,54 ( ) R$127,69 ( ) R$85,13 ( ) R$53,20
    ( ) apreensão do veículo ( ) suspensão do direito de dirigir
    Medida administrativa: ( ) remoção do veículo ( ) recolhimento do documento de habilitação ( ) retenção para transbordo

96. **Conduzir o veículo com a cor ou característica alterada.**
    Infração: ( ) gravíssima ( ) grave ( ) média ( ) leve
    Pontos:]( ) 07 ( ) 05 ( ) 04 ( ) 03
    Penalidade: Multa ( ) R$191,54 ( ) R$127,69 ( ) R$85,13 ( ) R$53,20
    ( ) apreensão do veículo ( ) suspensão do direito de dirigir

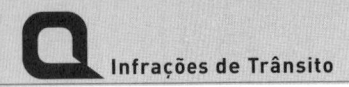

Medida administrativa: ( ) remoção do veículo ( ) retenção do veículo para regularização ( ) recolhimento do documento de habilitação

97. **Conduzir o veículo sem ter sido submetido a inspeção de segurança veicular, quando obrigatória.**
    Infração: ( ) gravíssima ( ) grave ( ) média ( ) leve
    Pontos: ( ) 07 ( ) 05 ( ) 04 ( ) 03
    Penalidade: Multa ( ) R$191,54 ( ) R$127,69 ( ) R$85,13 ( ) R$53,20 ( ) apreensão do veículo ( ) suspensão do direito de dirigir
    Medida administrativa: ( ) remoção do veículo ( ) retenção do veículo para regularização ( ) recolhimento do documento de habilitação

98. **Conduzir o veículo sem equipamento obrigatório ou estando este ineficiente ou inoperante.**
    Infração: ( ) gravíssima ( ) grave ( ) média ( ) leve
    Pontos: ( ) 07 ( ) 05 ( ) 04 ( ) 03
    Penalidade: Multa ( ) R$191,54 ( ) R$127,69 ( ) R$85,13 ( ) R$53,20 ( ) apreensão do veículo ( ) suspensão do direito de dirigir
    Medida administrativa: ( ) remoção do veículo ( ) retenção do veículo para regularização ( ) recolhimento do documento de habilitação

99. **Conduzir o veículo com equipamento obrigatório em desacordo com o estabelecido pelo Contran.**
    Infração: ( ) gravíssima ( ) grave ( ) média ( ) leve
    Pontos: ( ) 07 ( ) 05 ( ) 04 ( ) 03
    Penalidade: Multa ( ) R$191,54 ( ) R$127,69 ( ) R$85,13 ( ) R$53,20 ( ) apreensão do veículo ( ) suspensão do direito de dirigir
    Medida administrativa: ( ) remoção do veículo ( ) retenção do veículo para regularização ( ) recolhimento do documento de habilitação

100. **Conduzir o veículo com descarga livre ou silenciador de motor de explosão defeituoso, deficiente ou inoperante.**
    Infração: ( ) gravíssima ( ) grave ( ) média ( ) leve
    Pontos: ( ) 07 ( ) 05 ( ) 04 ( ) 03
    Penalidade: Multa ( ) R$191,54 ( ) R$127,69 ( ) R$85,13 ( ) R$53,20 ( ) vapreensão do veículo ( ) suspensão do direito de dirigir
    Medida administrativa: ( ) remoção do veículo ( ) retenção do veículo para regularização ( ) recolhimento do documento de habilitação

101. **Conduzir o veículo com equipamento ou acessório proibido.**
    Infração: ( ) gravíssima ( ) grave ( ) média ( ) leve
    Pontos: ( ) 07 ( ) 05 ( ) 04 ( ) 03

Penalidade: Multa ( ) R$191,54 ( ) R$127,69 ( ) R$85,13 ( ) R$53,20
( ) apreensão do veículo ( ) suspensão do direito de dirigir
Medida administrativa: ( ) remoção do veículo ( ) retenção do veículo para regularização ( ) recolhimento do documento de habilitação

102. **Conduzir o veículo com o equipamento do sistema de iluminação e de sinalização alterados.**
    Infração: ( ) gravíssima ( ) grave ( ) média ( ) leve
    Pontos: ( ) 07 ( ) 05 ( ) 04 ( ) 03
    Penalidade: Multa ( ) R$191,54 ( ) R$127,69 ( ) R$85,13 ( ) R$53,20
    ( ) apreensão do veículo ( ) suspensão do direito de dirigir
    Medida administrativa: ( ) remoção do veículo ( ) retenção do veículo para regularização ( ) recolhimento do documento de habilitação

103. **Conduzir o veículo com registrador instantâneo inalterável de velocidade e tempo viciado ou defeituoso, quando houver exigência desse aparelho.**
    Infração: ( ) gravíssima ( ) grave ( ) média ( ) leve
    Pontos: ( ) 07 ( ) 05 ( ) 04 ( ) 03
    Penalidade: Multa ( ) R$191,54 ( ) R$127,69 ( ) R$85,13 ( ) R$53,20
    ( ) apreensão do veículo ( ) suspensão do direito de dirigir
    Medida administrativa: ( ) remoção do veículo ( ) retenção do veículo para regularização ( ) recolhimento do documento de habilitação

104. **Conduzir o veículo com inscrições, adesivos, legendas e símbolos de caráter publicitário afixados ou pintados no para-brisa e em toda a extensão da parte traseira do veículo, excetuadas as hipóteses previstas no Código de Trânsito Brasileiro.**
    Infração: ( ) gravíssima ( ) grave ( ) média ( ) leve
    Pontos: ( ) 07 ( ) 05 ( ) 04 ( ) 03
    Penalidade: Multa ( ) R$191,54 ( ) R$127,69 ( ) R$85,13 ( ) R$53,20
    ( ) apreensão do veículo ( ) suspensão do direito de dirigir
    Medida administrativa: ( ) remoção do veículo ( ) retenção do veículo para regularização ( ) recolhimento do documento de habilitação

105. **Conduzir o veículo com vidros total ou parcialmente cobertos por películas refletivas ou não, painéis decorativos ou pinturas.**
    Infração: ( ) gravíssima ( ) grave ( ) média ( ) leve
    Pontos: ( ) 07 ( ) 05 ( ) 04 ( ) 03
    Penalidade: Multa ( ) R$191,54 ( ) R$127,69 ( ) R$85,13 ( ) R$53,20
    ( ) apreensão do veículo ( ) suspensão do direito de dirigir
    Medida administrativa: ( ) remoção do veículo ( ) retenção do veículo para regularização ( ) recolhimento do documento de habilitação

106. **Conduzir o veículo com cortinas ou persianas fechadas, não autorizadas pela legislação.**
    Infração: ( ) gravíssima ( ) grave ( ) média ( ) leve
    Pontos: ( ) 07 ( ) 05 ( ) 04 ( ) 03
    Penalidade: Multa ( ) R$191,54 ( ) R$127,69 ( ) R$85,13 ( ) R$53,20 ( ) apreensão do veículo ( ) suspensão do direito de dirigir
    Medida administrativa: ( ) remoção do veículo ( ) retenção do veículo para regularização ( ) recolhimento do documento de habilitação

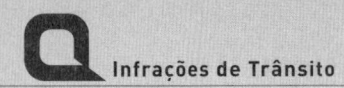

107. **Conduzir o veículo em mau estado de conservação, comprometendo a segurança, ou reprovado na avaliação de inspeção de segurança e de emissão de poluentes e ruído.**
    Infração: ( ) gravíssima ( ) grave ( ) média ( ) leve
    Pontos: ( ) 07 ( ) 05 ( ) 04 ( ) 03
    Penalidade: Multa ( ) R$191,54 ( ) R$127,69 ( ) R$85,13 ( ) R$53,20 ( ) apreensão do veículo ( ) suspensão do direito de dirigir
    Medida administrativa: ( ) remoção do veículo ( ) retenção do veículo para regularização ( ) recolhimento do documento de habilitação

108. **Conduzir o veículo sem acionar o limpador de pára-brisa sob chuva.**
    Infração: ( ) gravíssima ( ) grave ( ) média ( ) leve
    Pontos: ( ) 07 ( ) 05 ( ) 04 ( ) 03
    Penalidade: Multa ( ) R$191,54 ( ) R$127,69 ( ) R$85,13 ( ) R$53,20 ( ) apreensão do veículo ( ) suspensão do direito de dirigir
    Medida administrativa: ( ) remoção do veículo ( ) retenção do veículo para regularização ( ) recolhimento do documento de habilitação

109. **Conduzir bicicleta em passeios onde não seja permitida a circulação desta, ou de forma agressiva.**
    Infração: ( ) gravíssima ( ) grave ( ) média ( ) leve
    Pontos: ( ) 07 ( ) 05 ( ) 04 ( ) 03
    Penalidade: Multa ( ) R$191,54 ( ) R$127,69 ( ) R$85,13 ( ) R$53,20 ( ) apreensão do veículo ( ) suspensão do direito de dirigir
    Medida administrativa: ( ) retenção do veículo para regularização ( ) remoção mediante recibo para pagamento da multa

110. **Conduzir o veículo de carga, com falta de inscrição da tara e demais inscrições previstas no Código de Trânsito Brasileiro.**
    Infração: ( ) gravíssima ( ) grave ( ) média ( ) leve
    Pontos: ( ) 07 ( ) 05 ( ) 04 ( ) 03

Penalidade: Multa ( ) R$191,54 ( ) R$127,69 ( ) R$85,13 ( ) R$53,20 ( ) apreensão do veículo ( ) suspensão do direito de dirigir
Medida administrativa: ( ) retenção do veículo para regularização ( ) retenção até apresentação do documento ( ) recolhimento do documento de habilitação ( ) remoção mediante recibo para pagamento da multa

111. **Conduzir o veículo com defeito no sistema de iluminação, de sinalização ou com lâmpadas queimadas.**
    Infração: ( ) gravíssima ( ) grave ( ) média ( ) leve
    Pontos: ( ) 07 ( ) 05 ( ) 04 ( ) 03
    Penalidade: Multa ( ) R$191,54 ( ) R$127,69 ( ) R$85,13 ( ) R$53,20 ( ) apreensão do veículo ( ) suspensão do direito de dirigir
    Medida administrativa: ( ) retenção do veículo para regularização ( ) recolhimento do documento de habilitação ( ) remoção mediante recibo para pagamento da multa

112. **Conduzir motocicleta, motoneta e ciclomotor rebocando outro veículo (exceção prevista no § 3º do art. 244).**
    Infração: ( ) gravíssima ( ) grave ( ) média ( ) leve
    Pontos: ( ) 07 ( ) 05 ( ) 04 ( ) 03
    Penalidade: Multa ( ) R$191,54 ( ) R$127,69 ( ) R$85,13 ( ) R$53,20 ( ) apreensão do veículo ( ) suspensão do direito de dirigir
    Medida administrativa: ( ) remoção do veículo ( ) retenção do veículo para regularização ( ) recolhimento do documento de habilitação ( ) remoção mediante recibo para pagamento da Multa ( ) apreensão do veículo para regularização

113. **Conduzir motocicleta, motoneta, ciclomotor sem segurar o guidom com ambas as mãos, salvo eventualmente para indicação de manobras.**
    Infração: ( ) gravíssima ( ) grave ( ) média ( ) leve
    Pontos: ( ) 07 ( ) 05 ( ) 04 ( ) 03
    Penalidade: Multa ( ) R$191,54 ( ) R$127,69 ( ) R$85,13 ( ) R$53,20 ( ) apreensão do veículo ( ) suspensão do direito de dirigir
    Medida administrativa: ( ) remoção do veículo ( ) retenção do veículo para regularização ( ) recolhimento do documento de habilitação ( ) remoção mediante recibo para pagamento da Multa ( ) apreensão do veículo para regularização

114. **Conduzir motocicleta, motoneta, ciclomotor transportando carga incompatível com suas especificações.**
    Infração: ( ) gravíssima ( ) grave ( ) média ( ) leve

Pontos: ( ) 07 ( ) 05 ( ) 04 ( ) 03
Penalidade: Multa ( ) R$191,54 ( ) R$127,69 ( ) R$85,13 ( ) R$53,20 ( ) apreensão do veículo ( ) suspensão do direito de dirigir
Medida administrativa: ( ) remoção do veículo ( ) retenção do veículo para regularização ( ) recolhimento do documento de habilitação ( ) remoção mediante recibo para pagamento da Multa ( ) apreensão do veículo para regularização

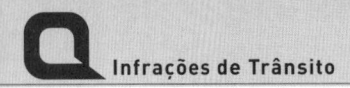

115. **Conduzir motocicleta, motoneta, ciclomotor efetuando transporte remunerado de mercadorias em desacordo com o previsto no art. 139-A desta lei ou em normas que regem a atividade profissional dos mototaxistas.**
    Infração: ( ) gravíssima ( ) grave ( ) média ( ) leve
    Pontos: ( ) 07 ( ) 05 ( ) 04 ( ) 03
    Penalidade: Multa ( ) R$191,54 ( ) R$127,69 ( ) R$85,13 ( ) R$53,20 ( ) apreensão do veículo ( ) suspensão do direito de dirigir
    Medida administrativa: ( ) remoção do veículo ( ) retenção do veículo para regularização ( ) recolhimento do documento de habilitação ( ) remoção mediante recibo para pagamento da Multa ( ) apreensão do veículo para regularização

116. **Conduzir ciclomotor em vias de trânsito rápido ou rodovias, salvo onde houver acostamento ou faixas de rolamento próprias.**
    Infração: ( ) gravíssima ( ) grave ( ) média ( ) leve
    Pontos: ( ) 07 ( ) 05 ( ) 04 ( ) 03
    Penalidade: Multa ( ) R$191,54 ( ) R$127,69 ( ) R$85,13 ( ) R$53,20 ( ) apreensão do veículo ( ) suspensão do direito de dirigir
    Medida administrativa: ( ) remoção do veículo ( ) retenção do veículo para regularização ( ) recolhimento do documento de habilitação ( ) remoção mediante recibo para pagamento da multa

117. **Conduzir ciclo:**
    Art. 244/III – fazendo malabarismo ou equilibrando-se apenas em uma roda;
    Art. 244/VII – sem segurar o guidom com ambas as mãos, salvo eventualmente para indicação de manobras;
    Art. 244/VIII – transportando carga incompatível com suas especificações ou em desacordo com o previsto no § 2º do art. 139-A desta Lei;
    Art. 244/ § 1º:
    a) Conduzir passageiro fora da garupa ou do assento especial a ele destinado;
    b) Transitar em vias de trânsito rápido ou rodovias, salvo onde houver acostamento ou faixas de rolamento próprias;
    c) Transportar crianças que não tenham, nas circunstâncias, condições de cuidar de sua própria segurança.

Infração: ( ) gravíssima ( ) grave ( ) média ( ) leve
Pontos: ( ) 07 ( ) 05 ( ) 04 ( ) 03
Penalidade: Multa ( ) R$191,54 ( ) R$127,69 ( ) R$85,13 ( ) R$53,20 ( ) apreensão do veículo ( ) suspensão do direito de dirigir
Medida administrativa: ( ) remoção do veículo ( ) retenção do veículo para regularização ( ) recolhimento do documento de habilitação ( ) remoção mediante recibo para pagamento da multa

118. **Conduzir veículo sem os documentos de porte obrigatório.**
    Infração: ( ) gravíssima ( ) grave ( ) média ( ) leve
    Pontos: ( ) 07 ( ) 05 ( ) 04 ( ) 03
    Penalidade: Multa ( ) R$191,54 ( ) R$127,69 ( ) R$85,13 ( ) R$53,20 ( ) apreensão do veículo ( ) suspensão do direito de dirigir
    Medida administrativa: ( ) remoção do veículo ( ) retenção até apresentação do documento ( ) recolhimento do documento de habilitação ( ) remoção mediante recibo para pagamento da multa

✏ **OCORRÊNCIA:** 11 gravíssimas; 19 graves; 05 médias; 01 leve

DEIXAR o (de)...

119. **Deixar o condutor envolvido em acidente com vítima de prestar ou providenciar socorro à vítima, podendo fazê-lo.**
    Infração: ( ) gravíssima ( ) grave ( ) média ( ) leve
    Pontos: ( ) 07 ( ) 05 ( ) 04 ( ) 03
    Penalidade: Multa ( ) R$191,54 ( ) R$127,69 ( ) R$85,13 ( ) R$53,20 ( ) R$191,54 x 5 ( ) suspensão do direito de dirigir
    Medida administrativa: ( ) recolhimento do documento de habilitação

120. **Deixar o condutor envolvido em acidente com vítima de adotar providências, podendo fazê-lo, no sentido de evitar perigo para o trânsito no local.**
    Infração: ( ) gravíssima ( ) grave ( ) média ( ) leve
    Pontos: ( ) 07 ( ) 05 ( ) 04 ( ) 03
    Penalidade: Multa ( ) R$191,54 ( ) R$127,69 ( ) R$85,13 ( ) R$53,20 ( ) R$191,54 x 5 ( ) suspensão do direito de dirigir
    Medida administrativa: ( ) recolhimento do documento de habilitação

121. **Deixar o condutor envolvido em acidente com vítima de preservar o local, de forma a facilitar os trabalhos da polícia e da perícia.**
    Infração: ( ) gravíssima ( ) grave ( ) média ( ) leve
    Pontos: ( ) 07 ( ) 05 ( ) 04 ( ) 03

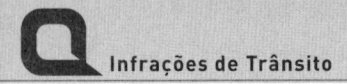

Penalidade: Multa ( ) R$191,54 ( ) R$127,69 ( ) R$85,13 ( ) R$53,20
( ) R$191,54 x 5 ( ) suspensão do direito de dirigir
Medida administrativa: ( ) recolhimento do documento de habilitação

122. **Deixar o condutor envolvido em acidente com vítima de adotar providências para remover o veículo do local, quando determinadas por policial ou agente da autoridade de trânsito.**
  Infração: ( ) gravíssima ( ) grave ( ) média ( ) leve
  Pontos: ( ) 07 ( ) 05 ( ) 04 ( ) 03
  Penalidade: Multa ( ) R$191,54 ( ) R$127,69 ( ) R$85,13 ( ) R$53,20
  ( ) R$191,54 x 5 ( ) suspensão do direito de dirigir
  Medida administrativa: ( ) recolhimento do documento de habilitação

123. **Deixar o condutor envolvido em acidente com vítima de identificar-se ao policial e de lhe prestar informações necessárias à confecção do boletim de ocorrência.**
  Infração: ( ) gravíssima ( ) grave ( ) média ( ) leve
  Pontos: ( ) 07 ( ) 05 ( ) 04 ( ) 03
  Penalidade: Multa ( ) R$191,54 ( ) R$127,69 ( ) R$85,13 ( ) R$53,20
  ( ) R$191,54 x 5 ( ) suspensão do direito de dirigir
  Medida administrativa: ( ) recolhimento do documento de habilitação

124. **Deixar de sinalizar qualquer obstáculo à livre circulação, à segurança de veículo e pedestres, tanto no leito da via como na calçada, ou obstacularizar a via indevidamente.**
  Infração: ( ) gravíssima ( ) grave ( ) média ( ) leve
  Pontos: ( ) 07 ( ) 05 ( ) 04 ( ) 03
  Penalidade: Multa ( ) R$191,54 ( ) R$127,69 ( ) R$85,13 ( ) R$53,20
  ( ) R$191,54 x 2 a 5 ( ) suspensão do direito de dirigir
  Medida administrativa: ( ) recolhimento do documento de habilitação

125. **Deixar de reduzir a velocidade do veículo de forma compatível com a segurança do trânsito nas proximidades de escolas, hospitais, estações de embarque e desembarque de passageiros ou onde haja intensa movimentação de pedestres.**
  Infração: ( ) gravíssima ( ) grave ( ) média ( ) leve
  Pontos: ( ) 07 ( ) 05 ( ) 04 ( ) 03
  Penalidade: Multa ( ) R$191,54 ( ) R$127,69 ( ) R$85,13 ( ) R$53,20
  ( ) R$191,54 x 5 ( ) suspensão do direito de dirigir
  Medida administrativa: ( ) recolhimento do documento de habilitação

126. **Deixar de dar passagem aos veículos precedidos de batedores, de socorro de incêndio e salvamento, de polícia, de operação e fiscalização de trânsito e às ambulâncias, quando em serviço de urgência e devidamente identificados por dispositivos regulamentados de alarme sonoro e iluminação vermelha intermitentes.**
    Infração: ( ) gravíssima ( ) grave ( ) média ( ) leve
    Pontos: ( ) 07 ( ) 05 ( ) 04 ( ) 03
    Penalidade: Multa ( ) R$191,54 ( ) R$127,69 ( ) R$85,13 ( ) R$53,20 ( ) R$191,54 x 5 ( ) suspensão do direito de dirigir
    Medida administrativa: ( ) recolhimento do documento de habilitação

127. **Deixar de parar o veículo antes de transpor linha férrea.**
    Infração: ( ) gravíssima ( ) grave ( ) média ( ) leve
    Pontos: ( ) 07 ( ) 05 ( ) 04 ( ) 03
    Penalidade: Multa ( ) R$191,54 ( ) R$127,69 ( ) R$85,13 ( ) R$53,20 ( ) R$191,54 x 5 ( ) suspensão do direito de dirigir
    Medida administrativa: ( ) recolhimento do documento de habilitação

128. **Deixar de dar preferência de passagem a pedestre e a veículo não motorizado que se encontre na faixa a ele destinada.**
    Infração: ( ) gravíssima ( ) grave ( ) média ( ) leve
    Pontos: ( ) 07 ( ) 05 ( ) 04 ( ) 03
    Penalidade: Multa ( ) R$191,54 ( ) R$127,69 ( ) R$85,13 ( ) R$53,20 ( ) R$191,54 x 5 ( ) suspensão do direito de dirigir
    Medida administrativa: ( ) recolhimento do documento de habilitação

129. **Deixar de dar preferência de passagem a pedestre e a veículo não motorizado, que não haja concluído a travessia, mesmo que ocorra sinal verde para o veículo.**
    Infração: ( ) gravíssima ( ) grave ( ) média ( ) leve
    Pontos: ( ) 07 ( ) 05 ( ) 04 ( ) 03
    Penalidade: Multa ( ) R$191,54 ( ) R$127,69 ( ) R$85,13 ( ) R$53,20 ( ) R$191,54 x 5 ( ) suspensão do direito de dirigir
    Medida administrativa: ( ) recolhimento do documento de habilitação

130. **Deixar de dar preferência de passagem a pedestre e a veículo não motorizado portadores de deficiência física, crianças, idosos e gestantes.**
    Infração: ( ) gravíssima ( ) grave ( ) média ( ) leve
    Pontos: ( ) 07 ( ) 05 ( ) 04 ( ) 03
    Penalidade: Multa ( ) R$191,54 ( ) R$127,69 ( ) R$85,13 ( ) R$53,20 ( ) R$191,54 x 5 ( ) suspensão do direito de dirigir
    Medida administrativa: ( ) recolhimento do documento de habilitação

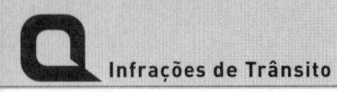

131. **Deixar de reduzir a velocidade do veículo de forma compatível com a segurança do trânsito quando se aproximar de passeatas, aglomerações, cortejos, préstitos e desfiles.**
    Infração: ( ) gravíssima ( ) grave ( ) média ( ) leve
    Pontos: ( ) 07 ( ) 05 ( ) 04 ( ) 03
    Penalidade: Multa ( ) R$191,54 ( ) R$127,69 ( ) R$85,13 ( ) R$53,20 ( ) R$191,54 x 5 ( ) suspensão do direito de dirigir
    Medida administrativa: ( ) recolhimento do documento de habilitação

132. **Deixar de parar o veículo sempre que a respectiva marcha for interceptada por agrupamento de pessoas, como préstitos, passeatas, desfiles e outros.**
    Infração:) gravíssima ( ) grave ( ) média ( ) leve
    Pontos: ( ) 07 ( ) 05 ( ) 04 ( ) 03
    Penalidade: Multa ( ) R$191,54 ( ) R$127,69 ( ) R$85,13 ( ) R$53,20 ( ) R$191,54 x 5 ( ) suspensão do direito de dirigir
    Medida administrativa: ( ) recolhimento do documento de habilitação

133. **Deixar o responsável de promover a baixa do registro de veículo irrecuperável ou definitivamente desmontado.**
    Infração: ( ) gravíssima ( ) grave ( ) média ( ) leve
    Pontos: ( ) 07 ( ) 05 ( ) 04 ( ) 03
    Penalidade: Multa ( ) R$191,54 ( ) R$127,69 ( ) R$85,13 ( ) R$53,20 ( ) R$191,54 x 5 ( ) suspensão do direito de dirigir
    Medida administrativa: ( ) recolhimento do Certificado de Registro e do CRLV ( ) recolhimento das placas e dos documentos ( ) recolhimento do documento de habilitação

134. **Deixar de efetuar o registro de veículo no prazo de 30 dias junto ao órgão executivo de trânsito.**
    Infração: ( ) gravíssima ( ) grave ( ) média ( ) leve
    Pontos: ( ) 07 ( ) 05 ( ) 04 ( ) 03
    Penalidade: Multa ( ) R$191,54 ( ) R$127,69 ( ) R$85,13 ( ) R$53,20 ( ) R$191,54 x 5 ( ) suspensão do direito de dirigir
    Medida administrativa: ( ) recolhimento do Certificado de Registro e do CRLV ( ) retenção do veículo para regularização ( ) recolhimento das placas e dos documentos ( ) recolhimento do documento de habilitação

135. **Deixar a empresa seguradora de comunicar ao órgão executivo de trânsito competente a ocorrência de perda total do veículo e de lhe devolver as respectivas placas e documentos.**
    Infração: ( ) gravíssima ( ) grave ( ) média ( ) leve
    Pontos: ( ) 07 ( ) 05 ( ) 04 ( ) 03

Penalidade: Multa ( ) R$191,54 ( ) R$127,69 ( ) R$85,13 ( ) R$53,20
( ) R$191,54 x 5 ( ) suspensão do direito de dirigir
Medida administrativa: ( ) retenção do veículo para regularização ( ) recolhimento das placas e dos documentos

136. **Deixar o condutor de prestar socorro à vítima de acidente de trânsito quando solicitado pela autoridade e seus agentes.**
    Infração: ( ) gravíssima ( ) grave ( ) média ( ) leve
    Pontos: ( ) 07 ( ) 05 ( ) 04 ( ) 03
    Penalidade: Multa ( ) R$191,54 ( ) R$127,69 ( ) R$85,13 ( ) R$53,20
    ( ) R$191,54 x 5 ( ) suspensão do direito de dirigir
    Medida administrativa: ( ) recolhimento do documento de habilitação

137. **Deixar de parar o veículo sempre que a respectiva marcha for interceptada por agrupamentos de veículos, como cortejos, formações militares e outros.**
    Infração: ( ) gravíssima ( ) grave ( ) média ( ) leve
    Pontos: ( ) 07 ( ) 05 ( ) 04 ( ) 03
    Penalidade: Multa ( ) R$191,54 ( ) R$127,69 ( ) R$85,13 ( ) R$53,20
    ( ) R$191,54 x 5 ( ) suspensão do direito de dirigir
    Medida administrativa: ( ) recolhimento do documento de habilitação

138. **Deixar o condutor ou passageiro de usar o cinto de segurança.**
    Infração: ( ) gravíssima ( ) grave ( ) média ( ) leve
    Pontos: ( ) 07 ( ) 05 ( ) 04 ( ) 03
    Penalidade: Multa ( ) R$191,54 ( ) R$127,69 ( ) R$85,13 ( ) R$53,20
    ( ) R$191,54 x 5 ( ) suspensão do direito de dirigir
    Medida administrativa: ( ) recolhimento do Certificado de Registro e do CRLV ( ) retenção do veículo até colocação do cinto ( ) recolhimento do documento de habilitação

139. **Deixar de dar preferência de passagem a pedestre e a veículo não motorizado quando houver iniciado a travessia mesmo que não haja sinalização a ele destinada.**
    Infração: ( ) gravíssima ( ) grave ( ) média ( ) leve
    Pontos: ( ) 07 ( ) 05 ( ) 04 ( ) 03
    Penalidade: Multa ( ) R$191,54 ( ) R$127,69 ( ) R$85,13 ( ) R$53,20
    ( ) R$191,54 x 5 ( ) suspensão do direito de dirigir
    Medida administrativa: ( ) recolhimento do documento de habilitação

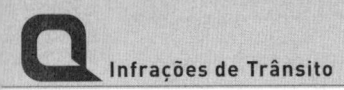

140. **Deixar de reduzir a velocidade do veículo de forma compatível com a segurança do trânsito nos locais onde o trânsito esteja sendo controlado pelo agente da autoridade de trânsito, mediante sinais sonoros ou gestos.**
    Infração: ( ) gravíssima ( ) grave ( ) média ( ) leve
    Pontos: ( ) 07 ( ) 05 ( ) 04 ( ) 03
    Penalidade: Multa ( ) R$191,54 ( ) R$127,69 ( ) R$85,13 ( ) R$53,20 ( ) R$191,54 x 5 ( ) suspensão do direito de dirigir
    Medida administrativa: ( ) recolhimento do documento de habilitação

141. **Deixar de reduzir a velocidade do veículo de forma compatível com a segurança do trânsito ao aproximar-se da guia da calçada (meio-fio) ou acostamento.**
    Infração: ( ) gravíssima ( ) grave ( ) média ( ) leve
    Pontos: ( ) 07 ( ) 05 ( ) 04 ( ) 03
    Penalidade: Multa ( ) R$191,54 ( ) R$127,69 ( ) R$85,13 ( ) R$53,20 ( ) R$191,54 x 5 ( ) suspensão do direito de dirigir
    Medida administrativa: ( ) recolhimento do documento de habilitação

142. **Deixar de reduzir a velocidade do veículo de forma compatível com a segurança do trânsito ao aproximar-se de ou passar por interseção não sinalizada.**
    Infração: ( ) gravíssima ( ) grave ( ) média ( ) leve
    Pontos: ( ) 07 ( ) 05 ( ) 04 ( ) 03
    Penalidade: Multa ( ) R$191,54 ( ) R$127,69 ( ) R$85,13 ( ) R$53,20 ( ) R$191,54 x 5 ( ) suspensão do direito de dirigir
    Medida administrativa: ( ) recolhimento do documento de habilitação

143. **Deixar de reduzir a velocidade do veículo de forma compatível com a segurança do trânsito nas vias rurais cuja faixa de domínio não esteja cercada.**
    Infração: ( ) gravíssima ( ) grave ( ) média ( ) leve
    Pontos: ( ) 07 ( ) 05 ( ) 04 ( ) 03
    Penalidade: Multa ( ) R$191,54 ( ) R$127,69 ( ) R$85,13 ( ) R$53,20 ( ) R$191,54 x 5 ( ) suspensão do direito de dirigir
    Medida administrativa: ( ) recolhimento do documento de habilitação

144. **Deixar de reduzir a velocidade do veículo de forma compatível com a segurança do trânsito nos trechos em curva de pequeno raio.**
    Infração: ( ) gravíssima ( ) grave ( ) média ( ) leve
    Pontos: ( ) 07 ( ) 05 ( ) 04 ( ) 03
    Penalidade: Multa ( ) R$191,54 ( ) R$127,69 ( ) R$85,13 ( ) R$53,20 ( ) R$191,54 x 5 ( ) suspensão do direito de dirigir
    Medida administrativa: ( ) recolhimento do documento de habilitação

145. **Deixar de reduzir a velocidade do veículo de forma compatível com a segurança do trânsito ao aproximar-se de locais sinalizados com advertência de obras ou trabalhadores na pista.**
    Infração: ( ) gravíssima ( ) grave ( ) média ( ) leve
    Pontos: ( ) 07 ( ) 05 ( ) 04 ( ) 03
    Penalidade: Multa ( ) R$191,54 ( ) R$127,69 ( ) R$85,13 ( ) R$53,20 ( ) R$191,54 x 5 ( ) suspensão do direito de dirigir
    Medida administrativa: ( ) recolhimento do documento de habilitação

146. **Deixar de reduzir a velocidade do veículo de forma compatível com a segurança do trânsito sob chuva, neblina, cerração ou ventos fortes.**
    Infração: ( ) gravíssima ( ) grave ( ) média ( ) leve
    Pontos: ( ) 07 ( ) 05 ( ) 04 ( ) 03
    Penalidade: Multa ( ) R$191,54 ( ) R$127,69 ( ) R$85,13 ( ) R$53,20 ( ) R$191,54 x 5 ( ) suspensão do direito de dirigir
    Medida administrativa: ( ) recolhimento do documento de habilitação

147. **Deixar de reduzir a velocidade do veículo de forma compatível com a segurança do trânsito quando houver má visibilidade.**
    Infração: ( ) gravíssima ( ) grave ( ) média ( ) leve
    Pontos: ( ) 07 ( ) 05 ( ) 04 ( ) 03
    Penalidade: Multa ( ) R$191,54 ( ) R$127,69 ( ) R$85,13 ( ) R$53,20 ( ) R$191,54 x 5 ( ) suspensão do direito de dirigir
    Medida administrativa: ( ) recolhimento do documento de habilitação

148. **Deixar de reduzir a velocidade do veículo de forma compatível com a segurança do trânsito quando o pavimento se apresentar escorregadio, defeituoso ou avariado.**
    Infração: ( ) gravíssima ( ) grave ( ) média ( ) leve
    Pontos: ( ) 07 ( ) 05 ( ) 04 ( ) 03
    Penalidade: Multa ( ) R$191,54 ( ) R$127,69 ( ) R$85,13 ( ) R$53,20 ( ) R$191,54 x 5 ( ) suspensão do direito de dirigir
    Medida administrativa: ( ) recolhimento do documento de habilitação

149. **Deixar de reduzir a velocidade do veículo de forma compatível com a segurança do trânsito à aproximação de animais na pista.**
    Infração: ( ) gravíssima ( ) grave ( ) média ( ) leve
    Pontos: ( ) 07 ( ) 05 ( ) 04 ( ) 03
    Penalidade: Multa ( ) R$191,54 ( ) R$127,69 ( ) R$85,13 ( ) R$53,20 ( ) R$191,54 x 5 ( ) suspensão do direito de dirigir
    Medida administrativa: ( ) recolhimento do documento de habilitação

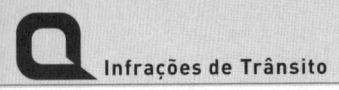

150. **Deixar de reduzir a velocidade do veículo de forma compatível com a segurança do trânsito em declive.**
    Infração: ( ) gravíssima ( ) grave ( ) média ( ) leve
    Pontos: ( ) 07 ( ) 05 ( ) 04 ( ) 03
    Penalidade: Multa ( ) R$191,54 ( ) R$127,69 ( ) R$85,13 ( ) R$53,20 ( ) R$191,54 x 5 ( ) suspensão do direito de dirigir
    Medida administrativa: ( ) recolhimento do documento de habilitação

151. **Deixar de reduzir a velocidade do veículo de forma compatível com a segurança do trânsito ao ultrapassar ciclista.**
    Infração: ( ) gravíssima ( ) grave ( ) média ( ) leve
    Pontos: ( ) 07 ( ) 05 ( ) 04 ( ) 03
    Penalidade: Multa ( ) R$191,54 ( ) R$127,69 ( ) R$85,13 ( ) R$53,20 ( ) R$191,54 x 5 ( ) suspensão do direito de dirigir
    Medida administrativa: ( ) recolhimento do documento de habilitação

152. **Deixar de dar preferência de passagem a pedestre e a veículo não motorizado que esteja atravessando a via transversal para onde se dirige o veículo.**
    Infração: ( ) gravíssima ( ) grave ( ) média ( ) leve
    Pontos: ( ) 07 ( ) 05 ( ) 04 ( ) 03
    Penalidade: Multa ( ) R$191,54 ( ) R$127,69 ( ) R$85,13 ( ) R$53,20 ( ) R$191,54 x 5 ( ) suspensão do direito de dirigir
    Medida administrativa: ( ) recolhimento do documento de habilitação

153. **Deixar de dar preferência de passagem, em interseção não sinalizada, a veículo que estiver circulando por rodovia ou rotatória ou a veículo que vier da direita.**
    Infração: ( ) gravíssima ( ) grave ( ) média ( ) leve
    Pontos: ( ) 07 ( ) 05 ( ) 04 ( ) 03
    Penalidade: Multa ( ) R$191,54 ( ) R$127,69 ( ) R$85,13 ( ) R$53,20 ( ) R$191,54 x 5 ( ) suspensão do direito de dirigir
    Medida administrativa: ( ) recolhimento do documento de habilitação

154. **Deixar de dar preferência de passagem nas interseções com sinalização de regulamentação de Dê a Preferência.**
    Infração: ( ) gravíssima ( ) grave ( ) média ( ) leve
    Pontos: ( ) 07 ( ) 05 ( ) 04 ( ) 03
    Penalidade: Multa ( ) R$191,54 ( ) R$127,69 ( ) R$85,13 ( ) R$53,20 ( ) R$191,54 x 5 ( ) suspensão do direito de dirigir
    Medida administrativa: ( ) recolhimento do documento de habilitação

155. **Deixar de guardar distância de segurança lateral e frontal entre o seu veículo e os demais, bem como em relação ao bordo da pista, considerando-se, no momento, a velocidade, as condições climáticas do local da circulação e do veículo.**
    Infração: ( ) gravíssima ( ) grave ( ) média ( ) leve
    Pontos: ( ) 07 ( ) 05 ( ) 04 ( ) 03
    Penalidade: Multa ( ) R$191,54 ( ) R$127,69 ( ) R$85,13 ( ) R$53,20 ( ) R$191,54 x 5 ( ) suspensão do direito de dirigir
    Medida administrativa: ( ) recolhimento do documento de habilitação

156. **Deixar de parar o veículo no acostamento à direita, para aguardar a oportunidade de cruzar pista ou entrar à esquerda, onde não houver local apropriado para operação de retorno.**
    Infração: ( ) gravíssima ( ) grave ( ) média ( ) leve
    Pontos: ( ) 07 ( ) 05 ( ) 04 ( ) 03
    Penalidade: Multa ( ) R$191,54 ( ) R$127,69 ( ) R$85,13 ( ) R$53,20 ( ) R$191,54 x 5 ( ) suspensão do direito de dirigir
    Medida administrativa: ( ) recolhimento do documento de habilitação

157. **Deixar de indicar com antecedência, mediante gesto regulamentar de braço ou luz indicadora de direção de veículo, o início da marcha, a realização da manobra de parar o veículo, a mudança de direção ou de faixa de circulação.**
    Infração: ( ) gravíssima ( ) grave ( ) média ( ) leve
    Pontos: ( ) 07 ( ) 05 ( ) 04 ( ) 03
    Penalidade: Multa ( ) R$191,54 ( ) R$127,69 ( ) R$85,13 ( ) R$53,20 ( ) R$191,54 x 5 ( ) suspensão do direito de dirigir
    Medida administrativa: ( ) recolhimento do documento de habilitação

158. **Deixar o condutor, envolvido em acidente sem vítima, de adotar providências para remover o veículo do local, quando necessária tal medida para assegurar a segurança e a fluidez do trânsito.**
    Infração: ( ) gravíssima ( ) grave ( ) média ( ) leve
    Pontos: ( ) 07 ( ) 05 ( ) 04 ( ) 03
    Penalidade: Multa ( ) R$191,54 ( ) R$127,69 ( ) R$85,13 ( ) R$53,20 ( ) R$191,54 x 5 ( ) suspensão do direito de dirigir
    Medida administrativa: ( ) recolhimento do documento de habilitação

159. **Deixar de sinalizar a via, de forma a prevenir os demais condutores e, à noite, não manter acesas as luzes externas ou omitir-se a providências necessá-**

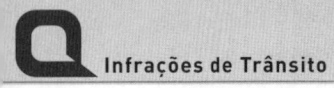

rias para tornar visível o local, quando tiver de remover o veículo da pista de rolamento ou permanecer no acostamento.
Infração: ( ) gravíssima ( ) grave ( ) média ( ) leve
Pontos: ( ) 07 ( ) 05 ( ) 04 ( ) 03
Penalidade: Multa ( ) R$191,54 ( ) R$127,69 ( ) R$85,13 ( ) R$53,20 ( ) R$191,54 x 5 ( ) suspensão do direito de dirigir
Medida administrativa: ( ) recolhimento do documento de habilitação

160. Deixar de sinalizar a via, de forma a prevenir os demais condutores e, à noite, não manter acesas as luzes externas ou omitir-se a providências necessárias para tornar visível o local, quando a carga for derramada sobre a via e não puder ser retirada imediatamente.
Infração: ( ) gravíssima ( ) grave ( ) média ( ) leve
Pontos: ( ) 07 ( ) 05 ( ) 04 ( ) 03
Penalidade: Multa ( ) R$191,54 ( ) R$127,69 ( ) R$85,13 ( ) R$53,20 ( ) R$191,54 x 5 ( ) suspensão do direito de dirigir
Medida administrativa: ( ) recolhimento do documento de habilitação

161. Deixar de conservar o veículo, quando estiver em movimento, na faixa a ele destinada pela sinalização de regulamentação, exceto em situações de emergência.
Infração: ( ) gravíssima ( ) grave ( ) média ( ) leve
Pontos: ( ) 07 ( ) 05 ( ) 04 ( ) 03
Penalidade: Multa ( ) R$191,54 ( ) R$127,69 ( ) R$85,13 ( ) R$53,20 ( ) R$191,54 x 5 ( ) suspensão do direito de dirigir
Medida administrativa: ( ) recolhimento do documento de habilitação

162. Deixar de conservar o veículo lento e de maior porte, quando estiver em movimento, nas faixas da direita.
Infração: ( ) gravíssima ( ) grave ( ) média ( ) leve
Pontos: ( ) 07 ( ) 05 ( ) 04 ( ) 03
Penalidade: Multa ( ) R$191,54 ( ) R$127,69 ( ) R$85,13 ( ) R$53,20 ( ) R$191,54 x 5 ( ) suspensão do direito de dirigir
Medida administrativa: ( ) recolhimento do documento de habilitação

163. Deixar de deslocar, com antecedência, o veículo para a faixa mais à esquerda ou mais à direita, dentro da respectiva mão de direção, quando for manobrar para um desses lados.
Infração: ( ) gravíssima ( ) grave ( ) média ( ) leve
Pontos: ( ) 07 ( ) 05 ( ) 04 ( ) 03

Penalidade: Multa ( ) R$191,54 ( ) R$127,69 ( ) R$85,13 ( ) R$53,20 ( ) R$191,54 x 5 ( ) suspensão do direito de dirigir
Medida administrativa: ( ) recolhimento do documento de habilitação

164. **Deixar de dar passagem pela esquerda, quando solicitado.**
 Infração: ( ) gravíssima ( ) grave ( ) média ( ) leve
 Pontos: ( ) 07 ( ) 05 ( ) 04 ( ) 03
 Penalidade: Multa ( ) R$191,54 ( ) R$127,69 ( ) R$85,13 ( ) R$53,20 ( ) R$191,54 x 5 ( ) suspensão do direito de dirigir
 Medida administrativa: ( ) recolhimento do documento de habilitação

165. **Deixar de guardar a distância lateral de um metro e cinquenta centímetros ao passar ou ultrapassar bicicleta.**
 Infração: ( ) gravíssima ( ) grave ( ) média ( ) leve
 Pontos: ( ) 07 ( ) 05 ( ) 04 ( ) 03
 Penalidade: Multa ( ) R$191,54 ( ) R$127,69 ( ) R$85,13 ( ) R$53,20 ( ) R$191,54 x 5 ( ) suspensão do direito de dirigir
 Medida administrativa: ( ) recolhimento do documento de habilitação

166. **Deixar de manter ligado, nas situações de atendimento de emergência, o sistema de iluminação vermelha intermitente dos veículos de polícia, de socorro de incêndio e salvamento, de fiscalização de trânsito e das ambulâncias, ainda que parados.**
 Infração: ( ) gravíssima ( ) grave ( ) média ( ) leve
 Pontos: ( ) 07 ( ) 05 ( ) 04 ( ) 03
 Penalidade: Multa ( ) R$191,54 ( ) R$127,69 ( ) R$85,13 ( ) R$53,20 ( ) R$191,54 x 5 ( ) suspensão do direito de dirigir
 Medida administrativa: ( ) recolhimento do documento de habilitação

167. **Deixar de retirar todo e qualquer objeto que tenha sido utilizado para sinalização temporária da via.**
 Infração: ( ) gravíssima ( ) grave ( ) média ( ) leve
 Pontos: ( ) 07 ( ) 05 ( ) 04 ( ) 03
 Penalidade: Multa ( ) R$191,54 ( ) R$127,69 ( ) R$85,13 ( ) R$53,20 ( ) R$191,54 x 5 ( ) suspensão do direito de dirigir
 Medida administrativa: ( ) recolhimento do documento de habilitação

168. **Deixar de manter acesas, à noite, as luzes de posição, quando o veículo estiver parado, para fins de embarque ou desembarque de passageiros e carga ou descarga da mercadorias.**
 Infração: ( ) gravíssima ( ) grave ( ) média ( ) leve

Pontos: ( ) 07 ( ) 05 ( ) 04 ( ) 03
Penalidade: Multa ( ) R$191,54 ( ) R$127,69 ( ) R$85,13 ( ) R$53,20 ( ) R$191,54 x 5 ( ) suspensão do direito de dirigir
Medida administrativa: ( ) recolhimento do documento de habilitação

169. **Deixar de manter acesa a luz baixa, quando o veículo estiver em movimento, durante a noite.**
    Infração: ( ) gravíssima ( ) grave ( ) média ( ) leve
    Pontos: ( ) 07 ( ) 05 ( ) 04 ( ) 03
    Penalidade: Multa ( ) R$191,54 ( ) R$127,69 ( ) R$85,13 ( ) R$53,20 ( ) R$191,54 x 5 ( ) suspensão do direito de dirigir
    Medida administrativa: ( ) recolhimento do documento de habilitação

170. **Deixar de manter acesa a luz baixa, quando o veículo estiver em movimento, de dia, nos túneis providos de iluminação pública.**
    Infração: ( ) gravíssima ( ) grave ( ) média ( ) leve
    Pontos: ( ) 07 ( ) 05 ( ) 04 ( ) 03
    Penalidade: Multa ( ) R$191,54 ( ) R$127,69 ( ) R$85,13 ( ) R$53,20 ( ) R$191,54 x 5 ( ) suspensão do direito de dirigir
    Medida administrativa: ( ) recolhimento do documento de habilitação

171. **Deixar de manter acesa a luz baixa, quando o veículo estiver em movimento, de dia, e de noite, tratando-se de veículo de transporte coletivo de passageiros, circulando em faixas ou pistas a eles destinadas.**
    Infração: ( ) gravíssima ( ) grave ( ) média ( ) leve
    Pontos: ( ) 07 ( ) 05 ( ) 04 ( ) 03
    Penalidade: Multa ( ) R$191,54 ( ) R$127,69 ( ) R$85,13 ( ) R$53,20 ( ) R$191,54 x 5 ( ) suspensão do direito de dirigir
    Medida administrativa: ( ) recolhimento do documento de habilitação

172. **Deixar de manter acesa a luz baixa, quando o veículo estiver em movimento, de dia e de noite, tratando-se de ciclomotor.**
    Infração: ( ) gravíssima ( ) grave ( ) média ( ) leve
    Pontos: ( ) 07 ( ) 05 ( ) 04 ( ) 03
    Penalidade: Multa ( ) R$191,54 ( ) R$127,69 ( ) R$85,13 ( ) R$53,20 ( ) R$191,54 x 5 ( ) suspensão do direito de dirigir
    Medida administrativa: ( ) recolhimento do documento de habilitação

173. **Deixar de manter acesas pelo menos as luzes de posição sob chuva forte, neblina ou cerração, quando o veículo estiver em movimento.**
    Infração: ( ) gravíssima ( ) grave ( ) média ( ) leve

Pontos: ( ) 07 ( ) 05 ( ) 04 ( ) 03
Penalidade: Multa ( ) R$191,54 ( ) R$127,69 ( ) R$85,13 ( ) R$53,20 ( ) R$191,54 x 5 ( ) suspensão do direito de dirigir
Medida administrativa: ( ) recolhimento do documento de habilitação

174. **Deixar de manter a placa traseira iluminada, à noite, quando o veículo estiver em movimento.**
    Infração: ( ) gravíssima ( ) grave ( ) média ( ) leve
    Pontos: ( ) 07 ( ) 05 ( ) 04 ( ) 03
    Penalidade: Multa ( ) R$191,54 ( ) R$127,69 ( ) R$85,13 ( ) R$53,20 ( ) R$191,54 x 5 ( ) suspensão do direito de dirigir
    Medida administrativa: ( ) recolhimento do documento de habilitação

175. **Deixar de conduzir pelo bordo da pista de rolamento, em fila única, os veículos de tração ou propulsão humana e os de tração animal, sempre que não houver acostamento ou faixa a eles destinados.**
    Infração: ( ) gravíssima ( ) grave ( ) média ( ) leve
    Pontos: ( ) 07 ( ) 05 ( ) 04 ( ) 03
    Penalidade: Multa ( ) R$191,54 ( ) R$127,69 ( ) R$85,13 ( ) R$53,20 ( ) R$191,54 x 5 ( ) suspensão do direito de dirigir
    Medida administrativa: ( ) recolhimento do documento de habilitação

176. **Deixar de atualizar o cadastro de registro do veículo ou de habilitação do condutor.**
    Infração: ( ) gravíssima ( ) grave ( ) média ( ) leve
    Pontos: ( ) 07 ( ) 05 ( ) 04 ( ) 03
    Penalidade: Multa ( ) R$191,54 ( ) R$127,69 ( ) R$85,13 ( ) R$53,20 ( ) R$191,54 x 5 ( ) suspensão do direito de dirigir
    Medida administrativa: ( ) recolhimento do documento de habilitação

✏ **OCORRÊNCIA:** 14 gravíssimas; 27 graves; 16 médias; 01 leve

ULTRAPASSAR...

177. **Ultrapassar pela direita veículo de transporte coletivo ou de escolares, parado para embarque ou desembarque de passageiros, salvo quando houver refúgio de segurança para o pedestre.**
    Infração: ( ) gravíssima ( ) grave ( ) média ( ) leve
    Pontos: ( ) 07 ( ) 05 ( ) 04 ( ) 03
    Penalidade: Multa ( ) R$191,54 ( ) R$127,69 ( ) R$85,13 ( ) R$53,20
    Medida administrativa: ( ) nenhuma

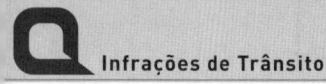

178. **Ultrapassar pela contramão outro veículo nas curvas, aclives e declives, sem visibilidade suficiente.**
    Infração: ( ) gravíssima ( ) grave ( ) média ( ) leve
    Pontos: ( ) 07 ( ) 05 ( ) 04 ( ) 03
    Penalidade: Multa ( ) R$191,54 ( ) R$127,69 ( ) R$85,13 ( ) R$53,20
    Medida administrativa: ( ) nenhuma

179. **Ultrapassar pela contramão outro veículo nas faixas de pedestre.**
    Infração: ( ) gravíssima ( ) grave ( ) média ( ) leve
    Pontos: ( ) 07 ( ) 05 ( ) 04 ( ) 03
    Penalidade: Multa ( ) R$191,54 ( ) R$127,69 ( ) R$85,13 ( ) R$53,20
    Medida administrativa: ( ) nenhuma

180. **Ultrapassar pela contramão outro veículo nas pontes, viadutos ou túneis.**
    Infração: ( ) gravíssima ( ) grave ( ) média ( ) leve
    Pontos: ( ) 07 ( ) 05 ( ) 04 ( ) 03
    Penalidade: Multa ( ) R$191,54 ( ) R$127,69 ( ) R$85,13 ( ) R$53,20
    Medida administrativa: ( ) nenhuma

181. **Ultrapassar pela contramão outro veículo parado em fila junto a sinais luminosos, porteiras, cancelas, cruzamentos ou qualquer outro impedimento à livre circulação.**
    Infração: ( ) gravíssima ( ) grave ( ) média ( ) leve
    Pontos: ( ) 07 ( ) 05 ( ) 04 ( ) 03
    Penalidade: Multa ( ) R$191,54 ( ) R$127,69 ( ) R$85,13 ( ) R$53,20
    Medida administrativa: ( ) nenhuma

182. **Ultrapassar pela contramão outro veículo onde houver marcação viária longitudinal de divisão de fluxos opostos do tipo linha dupla contínua ou simples contínua amarela.**
    Infração: ( ) gravíssima ( ) grave ( ) média ( ) leve
    Pontos: ( ) 07 ( ) 05 ( ) 04 ( ) 03
    Penalidade: Multa ( ) R$191,54 ( ) R$127,69 ( ) R$85,13 ( ) R$53,20
    Medida administrativa: ( ) nenhuma

183. **Ultrapassar outro veículo pelo acostamento.**
    Infração: ( ) gravíssima ( ) grave ( ) média ( ) leve
    Pontos: ( ) 07 ( ) 05 ( ) 04 ( ) 03
    Penalidade: Multa ( ) R$191,54 ( ) R$127,69 ( ) R$85,13 ( ) R$53,20
    Medida administrativa: ( ) nenhuma

184. **Ultrapassar outro veículo em interseções e passagens de nível.**
    Infração: ( ) gravíssima ( ) grave ( ) média ( ) leve
    Pontos: ( ) 07 ( ) 05 ( ) 04 ( ) 03
    Penalidade: Multa ( ) R$191,54 ( ) R$127,69 ( ) R$85,13 ( ) R$53,20
    Medida administrativa: ( ) nenhuma

185. **Ultrapassar veículos em fila, parados em razão de sinal luminoso, cancela, bloqueio viário parcial ou qualquer outro obstáculo, com exceção dos veículos não motorizados.**
    Infração: ( ) gravíssima ( ) grave ( ) média ( ) leve
    Pontos: ( ) 07 ( ) 05 ( ) 04 ( ) 03
    Penalidade: Multa ( ) R$191,54 ( ) R$127,69 ( ) R$85,13 ( ) R$53,20
    Medida administrativa: ( ) nenhuma

186. **Ultrapassar pela direita, salvo quando o veículo da frente estiver colocado na faixa apropriada e der sinal de que vai entrar à esquerda.**
    Infração: ( ) gravíssima ( ) grave ( ) média ( ) leve
    Pontos: ( ) 07 ( ) 05 ( ) 04 ( ) 03
    Penalidade: Multa ( ) R$191,54 ( ) R$127,69 ( ) R$85,13 ( ) R$53,20
    Medida administrativa: ( ) nenhuma

187. **Ultrapassar veículo em movimento que integre cortejo, préstito, desfile e formações militares, salvo com autorização da autoridade de trânsito ou de seus agentes.**
    Infração: ( ) gravíssima ( ) grave ( ) média ( ) leve
    Pontos: ( ) 07 ( ) 05 ( ) 04 ( ) 03
    Penalidade: Multa ( ) R$191,54 ( ) R$127,69 ( ) R$85,13 ( ) R$53,20
    Medida administrativa: ( ) nenhuma

✎ **OCORRÊNCIA:** 06 gravíssimas; 03 graves; 01 média; 01 leve

UTILIZAR... / USAR...

188. **Utilizar-se de veículo para, em via pública, demonstrar ou exibir manobra perigosa, arrancada brusca, derrapagem ou frenagem com deslizamento ou arrastamento de pneus.**
    Infração: ( ) gravíssima ( ) grave ( ) média ( ) leve
    Pontos: ( ) 07 ( ) 05 ( ) 04 ( ) 03
    Penalidade: Multa ( ) R$191,54 ( ) R$127,69 ( ) R$85,13 ( ) R$53,20 ( ) apreensão do veículo ( ) suspensão do direito de dirigir
    Medida administrativa: ( ) remoção do veículo ( ) recolhimento do documento de habilitação

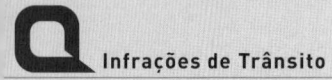

189. **Usar o veículo para arremessar, sobre os pedestres ou veículos, água ou detritos.**
    Infração: ( ) gravíssima ( ) grave ( ) média ( ) leve
    Pontos: ( ) 07 ( ) 05 ( ) 04 ( ) 03
    Penalidade: Multa ( ) R$191,54 ( ) R$127,69 ( ) R$85,13 ( ) R$53,20
    Medida administrativa: ( ) nenhuma

190. **Usar no veículo equipamento com som em volume ou frequência que não sejam autorizados pelo Contran.**
    Infração: ( ) gravíssima ( ) grave ( ) média ( ) leve
    Pontos: ( ) 07 ( ) 05 ( ) 04 ( ) 03
    Penalidade: Multa ( ) R$191,54 ( ) R$127,69 ( ) R$85,13 ( ) R$53,20
    Medida administrativa: ( ) retenção do veículo para regularização

191. **Utilizar a via para depósito de mercadorias, materiais ou equipamentos, sem autorização do órgão ou entidade de trânsito com circunscrição sobre a via.**
    Infração: ( ) gravíssima ( ) grave ( ) média ( ) leve
    Pontos: ( ) 07 ( ) 05 ( ) 04 ( ) 03
    Penalidade: Multa ( ) R$191,54 ( ) R$127,69 ( ) R$85,13 ( ) R$53,20
    Medida administrativa: ( ) remoção da mercadoria e do material

192. **Usar indevidamente no veículo aparelho de alarme ou que produza sons e ruído que perturbem o sossego público, em desacordo com normas fixadas pelo Contran.**
    Infração: ( ) gravíssima ( ) grave ( ) média ( ) leve
    Pontos: ( ) 07 ( ) 05 ( ) 04 ( ) 03
    Penalidade: Multa ( ) R$191,54 ( ) R$127,69 ( ) R$85,13 ( ) R$53,20
    ( ) apreensão do veículo
    Medida administrativa: ( ) remoção do veículo

193. **Utilizar as luzes do veículo, pisca-alerta, exceto em imobilizações ou situações de emergência.**
    Infração: ( ) gravíssima ( ) grave ( ) média ( ) leve
    Pontos: ( ) 07 ( ) 05 ( ) 04 ( ) 03
    Penalidade: Multa ( ) R$191,54 ( ) R$127,69 ( ) R$85,13 ( ) R$53,20
    Medida administrativa: ( ) nenhuma

194. **Utilizar as luzes do veículo baixa e alta de forma intermitente, exceto nas seguintes situações: a curtos intervalos, quando for conveniente advertir a outro condutor que se tem o propósito de ultrapassá-lo; em imobilizações ou

situação de emergência, como advertência, utilizando pisca-alerta; quando a sinalização de regulamentação da via determinar o uso do pisca-alerta.
   Infração: ( ) gravíssima ( ) grave ( ) média ( ) leve
   Pontos: ( ) 07 ( ) 05 ( ) 04 ( ) 03
   Penalidade: Multa ( ) R$191,54 ( ) R$127,69 ( ) R$85,13 ( ) R$53,20
   Medida administrativa: ( ) nenhuma

195. **Usar buzina em situação que não a de simples toque breve como advertência ao pedestre ou a condutores de outros veículos.**
   Infração: ( ) gravíssima ( ) grave ( ) média ( ) leve
   Pontos: ( ) 07 ( ) 05 ( ) 04 ( ) 03
   Penalidade: Multa ( ) R$191,54 ( ) R$127,69 ( ) R$85,13 ( ) R$53,20
   Medida administrativa: ( ) nenhuma

196. **Usar buzina prolongada e sucessivamente a qualquer pretexto.**
   Infração: ( ) gravíssima ( ) grave ( ) média ( ) leve
   Pontos: ( ) 07 ( ) 05 ( ) 04 ( ) 03
   Penalidade: Multa ( ) R$191,54 ( ) R$127,69 ( ) R$85,13 ( ) R$53,20
   Medida administrativa: ( ) nenhuma

197. **Usar a buzina entre as vinte e duas e as seis horas.**
   Infração: ( ) gravíssima ( ) grave ( ) média ( ) leve
   Pontos: ( ) 07 ( ) 05 ( ) 04 ( ) 03
   Penalidade: Multa ( ) R$191,54 ( ) R$127,69 ( ) R$85,13 ( ) R$53,20
   Medida administrativa: ( ) nenhuma

198. **Usar buzina em locais e horários proibidos pela sinalização.**
   Infração: ( ) gravíssima ( ) grave ( ) média ( ) leve
   Pontos: ( ) 07 ( ) 05 ( ) 04 ( ) 03
   Penalidade: Multa ( ) R$191,54 ( ) R$127,69 ( ) R$85,13 ( ) R$53,20
   Medida administrativa: ( ) nenhuma

199. **Usar buzina em desacordo com os padrões e frequências estabelecidos pelo Contran.**
   Infração: ( ) gravíssima ( ) grave ( ) média ( ) leve
   Pontos: ( ) 07 ( ) 05 ( ) 04 ( ) 03
   Penalidade: Multa ( ) R$191,54 ( ) R$127,69 ( ) R$85,13 ( ) R$53,20
   Medida administrativa: ( ) nenhuma

✎ **OCORRÊNCIA:** 01 gravíssima; 02 graves; 04 médias; 05 leves

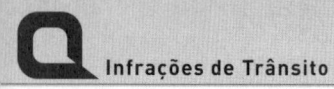

EXECUTAR

200. Executar operação de retorno em locais proibidos pela sinalização.
   Infração: ( ) gravíssima ( ) grave ( ) média ( ) leve
   Pontos: ( ) 07 ( ) 05 ( ) 04 ( ) 03
   Penalidade: Multa ( ) R$191,54 ( ) R$127,69 ( ) R$85,13 ( ) R$53,20
   Medida administrativa: ( ) nenhuma

201. Executar operação de retorno nas curvas, aclives, declives, pontes, viadutos e túneis.
   Infração: ( ) gravíssima ( ) grave ( ) média ( ) leve
   Pontos: ( ) 07 ( ) 05 ( ) 04 ( ) 03
   Penalidade: Multa ( ) R$191,54 ( ) R$127,69 ( ) R$85,13 ( ) R$53,20
   Medida administrativa: ( ) nenhuma

202. Executar operação de retorno passando por cima de calçada, passeio, ilhas, ajardinamento ou canteiros de divisões de pista de rolamento, refúgios e faixas de pedestres e nas de veículos não motorizados.
   Infração: ( ) gravíssima ( ) grave ( ) média ( ) leve
   Pontos: ( ) 07 ( ) 05 ( ) 04 ( ) 03
   Penalidade: Multa ( ) R$191,54 ( ) R$127,69 ( ) R$85,13 ( ) R$53,20
   Medida administrativa: ( ) nenhuma

203. Executar operação de retorno nas interseções, entrando na contramão de direção da via transversal.
   Infração: ( ) gravíssima ( ) grave ( ) média ( ) leve
   Pontos: ( ) 07 ( ) 05 ( ) 04 ( ) 03
   Penalidade: Multa ( ) R$191,54 ( ) R$127,69 ( ) R$85,13 ( ) R$53,20
   Medida administrativa: ( ) nenhuma

204. Executar operação de retorno com prejuízo da livre circulação ou da segurança, ainda que em locais permitidos.
   Infração: ( ) gravíssima ( ) grave ( ) média ( ) leve
   Pontos: ( ) 07 ( ) 05 ( ) 04 ( ) 03
   Penalidade: Multa ( ) R$191,54 ( ) R$127,69 ( ) R$85,13 ( ) R$53,20
   Medida administrativa: ( ) nenhuma

205. Executar operação de conversão à direita ou à esquerda em locais proibidos pela sinalização.
   Infração: ( ) gravíssima ( ) grave ( ) média ( ) leve
   Pontos: ( ) 07 ( ) 05 ( ) 04 ( ) 03

Penalidade: Multa ( ) R$191,54 ( ) R$127,69 ( ) R$85,13 ( ) R$53,20
Medida administrativa: ( ) nenhuma

✎ **OCORRÊNCIA:** 05 gravíssimas; 01 grave; 00 média; 00 leve

É PROIBIDO A PEDESTRE...

206. É proibido ao pedestre permanecer ou andar nas pistas de rolamento, exceto para cruzá-las onde for permitido.
    Infração: ( ) gravíssima ( ) grave ( ) média ( ) leve
    Pontos: ( ) 07 ( ) 05 ( ) 04 ( ) 03
    Penalidade: Multa ( ) R$191,54 ( ) R$127,69 ( ) R$85,13 ( ) R$53,20 (50%)
    Medida administrativa: ( ) nenhuma

207. É proibido ao pedestre cruzar pistas de rolamento nos viadutos, pontes, ou túneis, salvo onde exista permissão.
    Infração: ( ) gravíssima ( ) grave ( ) média ( ) leve
    Pontos: ( ) 07 ( ) 05 ( ) 04 ( ) 03
    Penalidade: Multa ( ) R$191,54 ( ) R$127,69 ( ) R$85,13 ( ) R$53,20 (50%)
    Medida administrativa: ( ) nenhuma

208. É proibido ao pedestre atravessar a via dentro das áreas de cruzamento, salvo quando houver sinalização para esse fim.
    Infração: ( ) gravíssima ( ) grave ( ) média ( ) leve
    Pontos: ( ) 07 ( ) 05 ( ) 04 ( ) 03
    Penalidade: Multa ( ) R$191,54 ( ) R$127,69 ( ) R$85,13 ( ) R$53,20 (50%)
    Medida administrativa: ( ) nenhuma

209. É proibido ao pedestre utilizar-se da via em agrupamentos capazes de perturbar o trânsito, ou para a prática de qualquer folguedo, esporte, desfiles e similares, salvo em casos especiais e com a devida licença de autoridade competente.
    Infração: ( ) gravíssima ( ) grave ( ) média ( ) leve
    Pontos: ( ) 07 ( ) 05 ( ) 04 ( ) 03
    Penalidade: Multa ( ) R$191,54 ( ) R$127,69 ( ) R$85,13 ( ) R$53,20 (50%)
    Medida administrativa: ( ) nenhuma

210. É proibido ao pedestre andar fora da faixa própria, passarela, passagem aérea ou subterrânea.
    Infração: ( ) gravíssima ( ) grave ( ) média ( ) leve

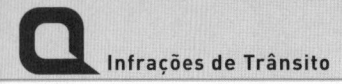

Pontos: ( ) 07 ( ) 05 ( ) 04 ( ) 03
Penalidade: Multa ( ) R$191,54 ( ) R$127,69 ( ) R$85,13 ( ) R$53,20 (50%)
Medida administrativa: ( ) nenhuma

211. **É proibido ao pedestre desobedecer a sinalização de trânsito específica.**
    Infração: ( ) gravíssima ( ) grave ( ) média ( ) leve
    Pontos: ( ) 07 ( ) 05 ( ) 04 ( ) 03
    Penalidade: Multa ( ) R$191,54 ( ) R$127,69 ( ) R$85,13 ( ) R$53,20 (50%)
    Medida administrativa: ( ) nenhuma

✐ **OCORRÊNCIA:** 00 gravíssima; 00 grave; 00 média; 06 leves

FAZER OU DEIXAR QUE...

212. **Fazer falsa declaração de domicílio para fins de registro, licenciamento ou habilitação.**
    Infração: ( ) gravíssima ( ) grave ( ) média ( ) leve
    Pontos: ( ) 07 ( ) 05 ( ) 04 ( ) 03
    Penalidade: Multa ( ) R$191,54 ( ) R$127,69 ( ) R$85,13 ( ) R$53,20
    Medida administrativa: ( ) nenhuma

213. **Fazer ou deixar que se faça reparo em veículo na via pública, salvo nos casos de impedimento absoluto de sua remoção e em que o veículo esteja devidamente sinalizado em pista de rolamento de rodovias e vias de trânsito rápido.**
    Infração: ( ) gravíssima ( ) grave ( ) média ( ) leve
    Pontos: ( ) 07 ( ) 05 ( ) 04 ( ) 03
    Penalidade: Multa ( ) R$191,54 ( ) R$127,69 ( ) R$85,13 ( ) R$53,20
    Medida administrativa: ( ) remoção do veículo

214. **Fazer ou deixar que se faça reparo em veículo na via pública, salvo nos casos de impedimento absoluto de sua remoção e em que o veículo esteja devidamente sinalizado, em outras vias que não rodovias e vias de trânsito rápido.**
    Infração: ( ) gravíssima ( ) grave ( ) média ( ) leve
    Pontos: ( ) 07 ( ) 05 ( ) 04 ( ) 03
    Penalidade: Multa ( ) R$191,54 ( ) R$127,69 ( ) R$85,13 ( ) R$53,20
    Medida administrativa: ( ) nenhuma

215. Fazer uso do facho de luz alta dos faróis em vias providas de iluminação pública.
    Infração: ( ) gravíssima ( ) grave ( ) média ( ) leve
    Pontos: ( ) 07 ( ) 05 ( ) 04 ( ) 03
    Penalidade: Multa ( ) R$191,54 ( ) R$127,69 ( ) R$85,13 ( ) R$53,20
    Medida administrativa: ( ) nenhuma

✎ **OCORRÊNCIA:** 01 gravíssima; 01 grave; 00 média; 02 leves

ENTRAR OU SAIR...

216. Entrar ou sair de áreas lindeiras sem estar adequadamente posicionado para ingresso na via e sem as precauções com a segurança de pedestres e de outros veículos.
    Infração: ( ) gravíssima ( ) grave ( ) média ( ) leve
    Pontos: ( ) 07 ( ) 05 ( ) 04 ( ) 03
    Penalidade: Multa ( ) R$191,54 ( ) R$127,69 ( ) R$85,13 ( ) R$53,20
    Medida administrativa: ( ) nenhuma

217. Entrar ou sair de fila de veículos estacionados sem dar preferência de passagem a pedestres e a outros veículos.
    Infração: ( ) gravíssima ( ) grave ( ) média ( ) leve
    Pontos: ( ) 07 ( ) 05 ( ) 04 ( ) 03
    Penalidade: Multa ( ) R$191,54 ( ) R$127,69 ( ) R$85,13 ( ) R$53,20
    Medida administrativa: ( ) nenhuma

✎ **OCORRÊNCIA:** 00 gravíssima; 00 grave; 02 médias; 00 leve

TRANSPOR...

218. Transpor, sem autorização, bloqueio viário policial.
    Infração: ( ) gravíssima ( ) grave ( ) média ( ) leve
    Pontos: ( ) 07 ( ) 05 ( ) 04 ( ) 03
    Penalidade: Multa ( ) R$191,54 ( ) R$127,69 ( ) R$85,13 ( ) R$53,20 ( ) apreensão do veículo ( ) suspensão do direito de dirigir
    Medida administrativa: ( ) remoção do veículo ( ) recolhimento do documento de habilitação

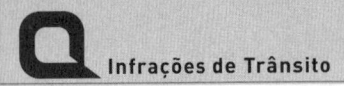

219. Transpor, sem autorização, bloqueio viário com ou sem sinalização ou dispositivos auxiliares, deixar de adentrar as áreas destinadas à passagem de veículos ou evadir-se para não efetuar o pagamento do pedágio.
    Infração: ( ) gravíssima ( ) grave ( ) média ( ) leve
    Pontos: ( ) 07 ( ) 05 ( ) 04 ( ) 03
    Penalidade: Multa ( ) R$191,54 ( ) R$127,69 ( ) R$85,13 ( ) R$53,20
    Medida administrativa: ( ) nenhuma

✎ **OCORRÊNCIA:** 01 gravíssima; 01 grave; 00 média; 00 leve

TRANSPORTAR...

220. **Transportar crianças em veículo automotor sem observância das normas de segurança especiais estabelecidas no Código Brasileiro de Trânsito.**
    Infração: ( ) gravíssima ( ) grave ( ) média ( ) leve
    Pontos: ( ) 07 ( ) 05 ( ) 04 ( ) 03
    Penalidade: Multa ( ) R$191,54 ( ) R$127,69 ( ) R$85,13 ( ) R$53,20
    Medida administrativa: ( ) retenção do veículo para sanar irregularidade

221. **Transportar em veículo destinado ao transporte de passageiros carga excedente em desacordo com o estabelecido no art. 109.**
    Infração: ( ) gravíssima ( ) grave ( ) média ( ) leve
    Pontos: ( ) 07 ( ) 05 ( ) 04 ( ) 03
    Penalidade: Multa ( ) R$191,54 ( ) R$127,69 ( ) R$85,13 ( ) R$53,20
    Medida administrativa: ( ) retenção para transbordo

✎ **OCORRÊNCIA:** 01 gravíssima; 01 grave; 00 média; 00 leve

RECUSAR-SE... / RETIRAR... / REBOCAR...

222. **Recusar-se a entregar à autoridade de trânsito ou a seus agentes, mediante recibo, os documentos de habilitação, de registro, de licenciamento de veículo e outros exigidos por lei, para averiguação de sua autenticidade.**
    Infração: ( ) gravíssima ( ) grave ( ) média ( ) leve
    Pontos: ( ) 07 ( ) 05 ( ) 04 ( ) 03
    Penalidade: Multa ( ) R$191,54 ( ) R$127,69 ( ) R$85,13 ( ) R$53,20
    ( ) apreensão do veículo
    Medida administrativa: ( ) remoção do veículo

223. Retirar do local veículo legalmente retido para regularização, sem permissão da autoridade competente ou de seus agentes.
    Infração: ( ) gravíssima ( ) grave ( ) média ( ) leve
    Pontos: ( ) 07 ( ) 05 ( ) 04 ( ) 03
    Penalidade: Multa ( ) R$191,54 ( ) R$127,69 ( ) R$85,13 ( ) R$53,20 ( ) apreensão do veículo
    Medida administrativa: ( ) remoção do veículo

224. Rebocar outro veículo com cabo flexível ou corda, salvo em casos de emergência.
    Infração: ( ) gravíssima ( ) grave ( ) média ( ) leve
    Pontos: ( ) 07 ( ) 05 ( ) 04 ( ) 03
    Penalidade: Multa ( ) R$191,54 ( ) R$127,69 ( ) R$85,13 ( ) R$53,20 ( ) apreensão do veículo
    Medida administrativa: ( ) nenhuma

✏ **OCORRÊNCIA:** 02 gravíssimas; 00 grave; 01 média; 00 leve

SEGUIR VEÍCULO... / FORÇAR PASSAGEM... / DESOBEDECER...

225. Forçar passagem entre veículos que, transitando em sentidos opostos, estejam na iminência de passar um pelo outro ao realizar operação de ultrapassagem.
    Infração: ( ) gravíssima ( ) grave ( ) média ( ) leve
    Pontos: ( ) 07 ( ) 05 ( ) 04 ( ) 03
    Penalidade: Multa ( ) R$191,54 ( ) R$127,69 ( ) R$85,13 ( ) R$53,20
    Medida administrativa: ( ) nenhuma

226. Seguir veículo em serviço de urgência, estando este com prioridade de passagem devidamente identificada por dispositivos regulamentares de alarme sonoro e iluminação vermelha intermitentes.
    Infração: ( ) gravíssima ( ) grave ( ) média ( ) leve
    Pontos: ( ) 07 ( ) 05 ( ) 04 ( ) 03
    Penalidade: Multa ( ) R$191,54 ( ) R$127,69 ( ) R$85,13 ( ) R$53,20
    Medida administrativa: ( ) nenhuma

227. Desobedecer às ordens emanadas da autoridade competente de trânsito ou de seus agentes.
    Infração: ( ) gravíssima ( ) grave ( ) média ( ) leve
    Pontos: ( ) 07 ( ) 05 ( ) 04 ( ) 03
    Penalidade: Multa ( ) R$191,54 ( ) R$127,69 ( ) R$85,13 ( ) R$53,20
    Medida administrativa: ( ) nenhuma

✏ **OCORRÊNCIA:** 01 gravíssima; 02 graves; 00 média; 00 leve

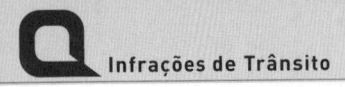

AVANÇAR... / CONFIAR... / ATIRAR DO...

228. Avançar o sinal vermelho do semáforo ou o da parada obrigatória.
  Infração: ( ) gravíssima ( ) grave ( ) média ( ) leve
  Pontos: ( ) 07 ( ) 05 ( ) 04 ( ) 03
  Penalidade: Multa ( ) R$191,54 ( ) R$127,69 ( ) R$85,13 ( ) R$53,20
  Medida administrativa: ( ) nenhuma

229. Confiar ou entregar a direção de veículo a pessoa que, mesmo habilitada, por seu estado físico ou psíquico, não estiver em condições de dirigi-lo com segurança.
  Infração: ( ) gravíssima ( ) grave ( ) média ( ) leve
  Pontos: ( ) 07 ( ) 05 ( ) 04 ( ) 03
  Penalidade: Multa ( ) R$191,54 ( ) R$127,69 ( ) R$85,13 ( ) R$53,20
  Medida administrativa: ( ) nenhuma

230. Atirar do veículo ou abandonar na via pública objetos ou substâncias.
  Infração: ( ) gravíssima ( ) grave ( ) média ( ) leve
  Pontos: ( ) 07 ( ) 05 ( ) 04 ( ) 03
  Penalidade: Multa ( ) R$191,54 ( ) R$127,69 ( ) R$85,13 ( ) R$53,20
  Medida administrativa: ( ) nenhuma

✏ **OCORRÊNCIA:** 02 gravíssimas; 00 grave; 01 média; 00 leve

PROMOVER... / PARTICIPAR... / DISPUTAR...

231. Promover, na via, competição esportiva, eventos organizados, exibição e demonstração de perícia em manobra de veículo, sem permissão da autoridade de trânsito com circunscrição sobre a via.
  Infração: ( ) gravíssima ( ) grave ( ) média ( ) leve
  Pontos: ( ) 07 ( ) 05 ( ) 04 ( ) 03
  Penalidade: Multa ( ) R$191,54 ( ) R$127,69 ( ) R$85,13 ( ) R$53,20 ( ) R$191,54 x 3 ( ) R$191,54 x 5 ( ) apreensão do veículo ( ) suspensão do direito de dirigir
  Medida administrativa: ( ) remoção do veículo ( ) recolhimento do documento de habilitação

232. Participar, na via, como condutor, de competição esportiva, eventos organizados, exibição e demonstração de perícia em manobra de veículo, sem permissão da autoridade de trânsito com circunscrição sobre a via.
  Infração: ( ) gravíssima ( ) grave ( ) média ( ) leve
  Pontos: ( ) 07 ( ) 05 ( ) 04 ( ) 03

Penalidade: Multa ( ) R$191,54 ( ) R$127,69 ( ) R$85,13 ( ) R$53,20 ( ) R$191,54 x 3 ( ) R$191,54 x 5 ( ) apreensão do veículo ( ) suspensão do direito de dirigir
Medida administrativa: ( ) remoção do veículo ( ) recolhimento do documento de habilitação

233. **Disputar corrida por espírito de emulação.**
    Infração: ( ) gravíssima ( ) grave ( ) média ( ) leve
    Pontos: ( ) 07 ( ) 05 ( ) 04 ( ) 03
    Penalidade: Multa ( ) R$191,54 ( ) R$127,69 ( ) R$85,13 ( ) R$53,20 ( ) R$191,54 x 3 ( ) R$191,54 x 5 ( ) apreensão do veículo ( ) suspensão do direito de dirigir
    Medida administrativa: ( ) remoção do veículo ( ) recolhimento do documento de habilitação

✎ **OCORRÊNCIA:** 03 gravíssimas; 00 grave; 00 média; 00 leve

BLOQUEAR... / FALSIFICAR... / PORTAR... / TER SEU VEÍCULO...

234. **Bloquear a via com veículo.**
    Infração: ( ) gravíssima ( ) grave ( ) média ( ) leve
    Pontos: ( ) 07 ( ) 05 ( ) 04 ( ) 03
    Penalidade: Multa ( ) R$191,54 ( ) R$127,69 ( ) R$85,13 ( ) R$53,20 ( ) R$191,54 x 3 ( ) apreensão do veículo
    Medida administrativa: ( ) remoção do veículo

235. **Falsificar ou adulterar documento de habilitação e de identificação do veículo.**
    Infração: ( ) gravíssima ( ) grave ( ) média ( ) leve
    Pontos: ( ) 07 ( ) 05 ( ) 04 ( ) 03
    Penalidade: Multa ( ) R$191,54 ( ) R$127,69 ( ) R$85,13 ( ) R$53,20 ( ) R$191,54 x 3 ( ) apreensão do veículo
    Medida administrativa: ( ) remoção do veículo

236. **Ter seu veículo imobilizado na via por falta de combustível.**
    Infração: ( ) gravíssima ( ) grave ( ) média ( ) leve
    Pontos: ( ) 07 ( ) 05 ( ) 04 ( ) 03
    Penalidade: Multa ( ) R$191,54 ( ) R$127,69 ( ) R$85,13 ( ) R$53,20
    Medida administrativa: ( ) remoção do veículo

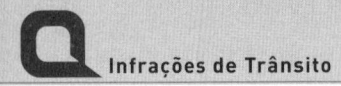

237. **Portar no veículo placas de identificação em desacordo com as especificações e modelos estabelecidos pelo Contran.**
   Infração: ( ) gravíssima ( ) grave ( ) média ( ) leve
   Pontos: ( ) 07 ( ) 05 ( ) 04 ( ) 03
   Penalidade: Multa ( ) R$191,54 ( ) R$127,69 ( ) R$85,13 ( ) R$53,20 ( ) R$191,54 x 3 ( ) apreensão do veículo
   Medida administrativa: ( ) retenção do veículo para regularização e apreensão das placas irregulares

✎ **OCORRÊNCIA:** 02 gravíssimas; 00 grave; 02 médias; 00 leve

GABARITO

1. Gravíssima; 07; R$191,54 x 5; apreensão do veículo; recolhimento do documento de habilitação. (Art. 163, inc. II)
2. Gravíssima; 07; R$191,54 x 3; apreensão do veículo; recolhimento do documento de habilitação. (Art. 163, inc. I)
3. Gravíssima; 07; R$191,54 x 3; apreensão do veículo; recolhimento do documento de habilitação. (Art. 163, inc. III)
4. Gravíssima; 07; R$191,54; recolhimento do documento de habilitação. (Art. 163, inc. V)
5. Gravíssima; 07; R$191,54; recolhimento do documento de habilitação. (Art. 163, inc. VI)
6. Gravíssima; 07; R$191,54 x 5; apreensão do veículo; recolhimento do documento de habilitação. (Art. 164, inc. II)
7. Gravíssima; 07; R$191,54 x 3; apreensão do veículo; recolhimento do documento de habilitação. (Art. 164, inc. I)
8. Gravíssima; 07; R$191,54 x 3; apreensão do veículo; recolhimento do documento de habilitação. (Art. 164, inc. III)
9. Gravíssima; 07; R$191,54; recolhimento do documento de habilitação. (Art. 164, inc. V)
10. Gravíssima; 07; R$191,54; recolhimento do documento de habilitação. (Art. 164, inc. VI)
11. Gravíssima; 07; R$191,54; remoção do veículo. (Art. 181, inc.V)
12. Grave; 05; R$127,69; remoção do veículo. (Art. 181, inc. III)
13. Grave; 05; R$127,69; remoção do veículo. (Art. 181, inc. VIII)
14. Grave; 05; R$127,69; remoção do veículo. (Art. 181, inc. XI)
15. Grave; 05; R$127,69; remoção do veículo. (Art. 181, inc. XII)
16. Grave; 05; R$127,69; remoção do veículo. (Art. 181, inc. XIV)
17. Grave; 05; R$127,69; remoção do veículo. (Art. 181, inc. XVI)

18. Grave; 05; R$127,69; remoção do veículo. (Art. 181, inc. XIX)
19. Média; 04; R$85,13; remoção do veículo. (Art. 181, inc. I)
20. Média; 04; R$85,13; remoção do veículo. (Art. 181, inc. IV)
21. Média; 04; R$85,13; remoção do veículo. (Art. 181, inc. VI)
22. Média; 04; R$85,13; remoção do veículo. (Art. 181, inc. IX)
23. Média; 04; R$85,13; remoção do veículo. (Art. 181, inc. X)
24. Média; 04; R$85,13; remoção do veículo. (Art. 181, inc. XIII)
25. Média; 04; R$85,13; remoção do veículo. (Art. 181, inc. XVIII)
26. Média; 04; R$85,13. (Art. 181, inc. XV)
27. Leve; 03; R$53,20; remoção do veículo. (Art. 181, inc. II)
28. Leve; 03; R$53,20; remoção do veículo. (Art. 181, inc. VII)
29. Leve; 03; R$53,20; remoção do veículo. (Art. 181, inc. XVII)
30. Grave; 05; R$127,69. (Art. 182, inc. V)
31. Média; 04; R$85,13. (Art. 182, inc. I)
32. Média; 04; R$85,13. (Art. 182, inc. III)
33. Média; 04; R$85,13. (Art. 182, inc. VII)
34. Média; 04; R$85,13. (Art. 182, inc. VIII)
35. Média; 04; R$85,13. (Art. 182, inc. X)
36. Média; 04; R$85,13. (Art. 182, inc. IX)
37. Média; 04; R$85,13. (Art. 183)
38. Leve; 03; R$53,20. (Art. 182, inc. II)
39. Leve; 03; R$53,20. (Art. 182, inc. IV)
40. Leve; 03; R$53,20. (Art. 182, inc. VI)
41. Média; 04; R$85,13. (Art. 218, inc. I)
42. Grave; 05; R$127,69. (Art. 218, inc. II)
43. Gravíssima; 07; R$191,54 x 3. (Art. 193)
44. Gravíssima; 07; R$191,54. (Art. 186, inc. II)
45. Gravíssima; 07; R$191,54; retenção para regularização. (Art. 231, inc. I)
46. Gravíssima; 07; R$191,54; retenção para regularização. (Art. 231, inc. II, *a*)
47. Gravíssima; 07; R$191,54; retenção para regularização. (Art. 231, inc. II, *b*)
48. Gravíssima; 07; R$191,54; retenção para regularização. (Art. 231, inc. II, *c*)
49. Gravíssima; 07; R$191,54; retenção para transbordo. (Art. 231, inc. X)
50. Grave; 05; R$127,69; apreensão do veículo; remoção do veículo. (Art. 231, inc. VI)
51. Grave; 05; R$127,69; retenção para transbordo. (Art. 231, inc. X)
52. Grave; 05; R$127,69; retenção para regularização. (Art. 223)
53. Grave; 05; R$127,69; retenção para regularização. (Art. 237)

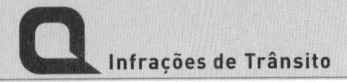

54. Grave; 05; R$127,69; retenção para regularização. (Art. 231, inc. III)
55. Grave; 05; R$127,69; retenção para regularização. (Art. 231, inc. IV)
56. Grave; 05; R$127,69. (Art. 194)
57. Gravíssima; 07; apreensão do documento de habilitação; suspensão imediata do direito de dirigir. (Art. 218, inc. III)
58. Grave; 05; R$127,69. (Art. 186, inc. I)
59. Grave; 05; R$127,69. (Art. 184, inc. II)
60. Média; 04; R$85,13; retenção do veículo. (Art. 231, inc. VII)
61. Média; 04; R$85,13; retenção do veículo. (Art. 231, inc. VIII)
62. Média; 04; R$85,13. (Art. 231, inc. IX)
63. Média; 04; R$85,13; retenção para transbordo. (Art. 231, inc. X)
64. Média; 04; R$85,13. (Art. 219)
65. Média; 04; R$85,13. (Art. 188)
66. Média; 04; R$85,13. (Art. 187)
67. Média; 04; R$85,13 acrescida; retenção para transbordo (Art. 231, inc. V)
68. Leve; 03; R$53,20. (Art. 184, inc. I)
69. Gravíssima; 07; R$191,54 x 5; suspensão do direito de dirigir por 12 meses; retenção do veículo até apresentação de condutor habilitado; recolhimento do documento de habilitação. (Art. 165)
70. Gravíssima; 07; R$191,54 x 5; apreensão do veículo. (Art. 162, inc. II)
71. Gravíssima; 07; R$191,54 x 3; apreensão do veículo; recolhimento do documento de habilitação. (Art. 162, inc. III)
72. Gravíssima; 07; R$191,54 x 3; apreensão do veículo. (Art. 162, inc. I)
73. Gravíssima; 07; R$191,54; suspensão do direito de dirigir; retenção do veículo; recolhimento do documento de habilitação. (Art. 170)
74. Gravíssima; 07; R$191,54; retenção do veículo até saneamento da irregularidade ou apresentação de condutor habilitado. (Art. 162, inc. VI)
75. Gravíssima; 07; R$191,54; retenção do veículo até apresentação de condutor habilitado; recolhimento do documento de habilitação. (Art. 162, inc. V)
76. Média; 04; R$85,13. (Art. 252, inc. I)
77. Média; 04; R$85,13. (Art. 252, inc. II)
78. Média; 04; R$85,13. (Art. 251, inc. III)
79. Média; 04; R$85,13. (Art. 252, inc. IV)
80. Média; 04; R$85,13. (Art. 252, inc. V)
81. Média; 04; R$85,13. (Art. 252, inc. VI)
82. Leve; 03; R$53,20. (Art. 169)
83. Gravíssima; 07; R$191,54; suspensão do direito de dirigir; recolhimento do documento de habilitação. (Art. 244, inc. I)
84. Gravíssima; 07; R$191,54; suspensão do direito de dirigir; recolhimento do documento de habilitação. (Art. 244, inc. II)

85. Gravíssima; 07; R$191,54; suspensão do direito de dirigir; recolhimento do documento de habilitação. (Art. 244, inc. III)
86. Gravíssima; 07; R$191,54; suspensão do direito de dirigir; recolhimento do documento de habilitação. (Art. 244, inc. IV)
87. Gravíssima; 07; R$191,54; suspensão do direito de dirigir; recolhimento do documento de habilitação. (Art. 244, inc. V)
88. Gravíssima; 07; R$191,54; apreensão do veículo; remoção do veículo. (Art. 230, inc. I)
89. Gravíssima; 07; R$191,54; apreensão do veículo; remoção do veículo. (Art. 230, inc. II)
90. Gravíssima; 07; R$191,54; apreensão do veículo; remoção do veículo. (Art. 230, inc. III)
91. Gravíssima; 07; R$191,54; apreensão do veículo; remoção do veículo. (Art. 230, inc. IV)
92. Gravíssima; 07; R$191,54; apreensão do veículo; remoção do veículo. (Art. 230, inc. V)
93. Gravíssima; 07; R$191,54; apreensão do veículo; remoção do veículo. (Art. 230, inc. VI)
94. Grave; 05; R$127,69; apreensão do veículo. (Art. 230, inc. XX)
95. Grave; 05; R$127,69; retenção para transbordo. (Art. 235)
96. Grave; 05; R$127,69; retenção do veículo para regularização. (Art. 230, inc. VII)
97. Grave; 05; R$127,69; retenção do veículo para regularização. (Art. 230, inc. VIII)
98. Grave; 05; R$127,69; retenção do veículo para regularização. (Art. 230, inc. IX)
99. Grave; 05; R$127,69; retenção do veículo para regularização. (Art. 230, inc. X)
100. Grave; 05; R$127,69; retenção do veículo para regularização. (Art. 230, inc. XI)
101. Grave; 05; R$127,69; retenção do veículo para regularização. (Art. 230, inc. XII)
102. Grave; 05; R$127,69; retenção do veículo para regularização. (Art. 230, inc. XIII)
103. Grave; 05; R$127,69; retenção do veículo para regularização. (Art. 230, inc. XIV)
104. Grave; 05; R$127,69; retenção do veículo para regularização. (Art. 230, inc. XV)
105. Grave; 05; R$127,69; retenção do veículo para regularização. (Art. 230, inc. XVI)
106. Grave; 05; R$127,69; retenção do veículo para regularização. (Art. 230, inc. XVII)

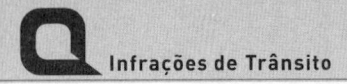

107. Grave; 05; R$127,69; retenção do veículo para regularização. (Art. 230, inc. XVIII)
108. Grave; 05; R$127,69; retenção do veículo para regularização. (Art. 230, inc. XIX)
109. Média; 04; R$85,13; remoção mediante recibo para pagamento da multa. (Art. 255)
110. Média; 04; R$85,13. (Art. 230, inc. XXI)
111. Média; 04; R$85,13. (Art. 230, inc. XXII)
112. Grave: 05; R$127,69; medida administrativa – apreensão do veículo para regularização (Art. 244, inc. VI)
113. Grave: 05; R$127,69; medida administrativa – apreensão do veículo para regularização. (Art. 244, inc. VII)
114. Grave: 05; R$127,69; medida administrativa – apreensão do veículo para regularização (Art. 244, inc. VIII)
115. Grave: 05; R$127,69; medida administrativa – apreensão do veículo para regularização (Art. 244, inc. IX)
116. Média; 04; R$85,13. (Art. 244, § 2º)
117. Média; 04; R$85,13. (Art. 244, § 1º)
118. Leve; 03; R$53,20; retenção até apresentação do documento. (Art. 232)
119. Gravíssima; 07; R$191,54 x 5; suspensão do direito de dirigir; recolhimento do documento de habilitação. (Art. 176, inc. I)
120. Gravíssima; 07; R$191,54 x 5; suspensão do direito de dirigir; recolhimento do documento de habilitação. (Art. 176, inc. II)
121. Gravíssima; 07; R$191,54 x 5; suspensão do direito de dirigir; recolhimento do documento de habilitação. (Art. 176, inc. III)
122. Gravíssima; 07; R$191,54 x 5; suspensão do direito de dirigir; recolhimento do documento de habilitação. (Art. 176, inc. IV)
123. Gravíssima; 07; R$191,54 x 5; suspensão do direito de dirigir; recolhimento do documento de habilitação. (Art. 176, inc. V)
124. Gravíssima; 07; R$191,54 x 2 a 5. (Art. 246)
125. Gravíssima; 07; R$191,54. (Art. 220, inc. XIV)
126. Gravíssima; 07; R$191,54. (Art. 189)
127. Gravíssima; 07; R$191,54. (Art. 212)
128. Gravíssima; 07; R$191,54. (Art. 214, inc. I)
129. Gravíssima; 07; R$191,54. (Art. 214, inc. II)
130. Gravíssima; 07; R$191,54. (Art. 214, inc. III)
131. Gravíssima; 07; R$191,54. (Art. 220, inc. I)
132. Gravíssima; 07; R$191,54. (Art. 213, inc. I)
133. Grave; 05; R$127,69; recolhimento do Certificado de Registro e do CRLV. (Art. 240)
134. Grave; 05; R$127,69; retenção do veículo para regularização. (Art. 233)

135. Grave; 05; R$127,69; recolhimento das placas e dos documentos. (Art. 243)
136. Grave; 05; R$127,69. (Art. 177)
137. Grave; 05; R$127,69. (Art. 213, inc. II)
138. Grave; 05; R$127,69; retenção do veículo até colocação do cinto. (Art. 167)
139. Grave; 05; R$127,69. (Art. 214, inc. IV)
140. Grave; 05; R$127,69. (Art. 220, inc. II)
141. Grave; 05; R$127,69. (Art. 220, inc. III)
142. Grave; 05; R$127,69. (Art. 220, inc. IV)
143. Grave; 05; R$127,69. (Art. 220, inc. V)
144. Grave; 05; R$127,69. (Art. 220, inc. VI)
145. Grave; 05; R$127,69. (Art. 220, inc. VII)
146. Grave; 05; R$127,69. (Art. 220, inc. VIII)
147. Grave; 05; R$127,69. (Art. 220, inc. IX)
148. Grave; 05; R$127,69. (Art. 220, inc. X)
149. Grave; 05; R$127,69. (Art. 220, inc. XI)
150. Grave; 05; R$127,69. (Art. 220, inc. XII)
151. Grave; 05; R$127,69. (Art. 220, inc. XIII)
152. Grave; 05; R$127,69. (Art. 214, inc. V)
153. Grave; 05; R$127,69. (Art. 215, inc. I, *a*, *b*)
154. Grave; 05; R$127,69. (Art. 215, inc. II)
155. Grave; 05; R$127,69. (Art. 192)
156. Grave; 05; R$127,69. (Art. 204)
157. Grave; 05; R$127,69. (Art. 196)
158. Média; 04; R$85,13. (Art. 178)
159. Grave; 05; R$127,69. (Art. 225, inc. I)
160. Grave; 05; R$127,69. (Art. 225, inc. II)
161. Média; 04; R$85,13. (Art. 185, inc. I)
162. Média; 04; R$85,13. (Art. 185, inc. II)
163. Média; 04; R$85,13. (Art. 197)
164. Média; 04; R$85,13. (Art. 198)
165. Média; 04; R$85,13. (Art. 201)
166. Média; 04; R$85,13. (Art. 222)
167. Média; 04; R$85,13. (Art. 226)
168. Média; 04; R$85,13. (Art. 249)
169. Média; 04; R$85,13. (Art. 250, inc. I, *a*)
170. Média; 04; R$85,13. (Art. 250, inc. I, *b*)
171. Média; 04; R$85,13. (Art. 250, inc. I, *c*)
172. Média; 04; R$85,13. (Art. 250, inc. I, *d*)

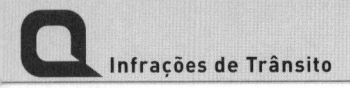

173. Média; 04; R$85,13. (Art. 250, inc. II)
174. Média; 04; R$85,13. (Art. 250, inc. III)
175. Média; 04; R$85,13. (Art. 247)
176. Leve; 03; R$53,20. (Art. 241)
177. Gravíssima; 07; R$191,54. (Art. 200)
178. Gravíssima; 07; R$191,54. (Art. 203, inc. I)
179. Gravíssima; 07; R$191,54. (Art. 203, inc. II)
180. Gravíssima; 07; R$191,54. (Art. 203, inc. III)
181. Gravíssima; 07; R$191,54. (Art. 203, inc. IV)
182. Gravíssima; 07; R$191,54. (Art. 203, inc. V)
183. Grave; 05; R$127,69. (Art. 202, inc. I)
184. Grave; 05; R$127,69. (Art. 202, inc. II)
185. Grave; 05; R$127,69. (Art. 211)
186. Média; 04; R$85,13. (Art. 199)
187. Leve; 03; R$53,20. (Art. 205)
188. Gravíssima; 07; R$191,54; apreensão do veículo; suspensão do direito de dirigir; remoção do veículo; recolhimento do documento de habilitação. (Art. 175)
189. Média; 04; R$85,13. (Art. 171)
190. Grave; 05; R$127,69; retenção do veículo para regularização. (Art. 228)
191. Grave; 05; R$127,69; remoção da mercadoria e do material. (Art. 245)
192. Média; 04; R$85,13; remoção do veículo. (Art. 229)
193. Média; 04; R$85,13. (Art. 251, inc. I)
194. Média; 04; R$85,13. (Art. 251, inc. II, *a*, *b*, *c*)
195. Leve; 03; R$53,20. (Art. 227, inc. I)
196. Leve; 03; R$53,20. (Art. 227, inc. II)
197. Leve; 03; R$53,20. (Art. 227, inc. III)
198. Leve; 03; R$53,20. (Art. 227, inc. IV)
199. Leve; 03; R$53,20. (Art. 227, inc. V)
200. Gravíssima; 07; R$191,54. (Art. 206, inc. I)
201. Gravíssima; 07; R$191,54. (Art. 206, inc. II)
202. Gravíssima; 07; R$191,54. (Art. 206, inc. III)
203. Gravíssima; 07; R$191,54. (Art. 206, inc. IV)
204. Gravíssima; 07; R$191,54. (Art. 206, inc. V)
205. Grave; 05; R$127,69. (Art. 207)
206. Leve; 03; R$53,20 (50%). (Art. 254, inc. I)
207. Leve; 03; R$53,20 (50%). (Art. 254, inc. II)
208. Leve; 03; R$53,20 (50%). (Art. 254, inc. III)
209. Leve; 03; R$53,20 (50%). (Art. 254, inc. IV)

210. Leve; 03; R$53,20 (50%). (Art. 254, inc. V)
211. Leve; 03; R$53,20 (50%). (Art. 254, inc. VI)
212. Gravíssima; 07; R$191,54. (Art. 242)
213. Grave; 05; R$127,69; remoção do veículo. (Art. 179, inc. I)
214. Leve; 03; R$53,20. (Art. 179, inc. II)
215. Leve; 03; R$53,20. (Art. 224)
216. Média; 04; R$85,13. (Art. 216)
217. Média; 04; R$85,13. (Art. 217)
218. Gravíssima; 07; R$191,54; apreensão do veículo; suspensão do direito de dirigir; remoção do veículo; recolhimento do documento de habilitação. (Art. 210)
219. Grave; 05; R$127,69. (Art. 209)
220. Gravíssima; 07; R$191,54; retenção do veículo para sanar irregularidade. (Art. 168)
221. Grave; 05; R$127,69; retenção para transbordo. (Art. 248)
222. Gravíssima; 07; R$191,54; apreensão do veículo; remoção do veículo. (Art. 238)
223. Gravíssima; 07; R$191,54; apreensão do veículo; remoção do veículo. (Art. 239)
224. Média; 04; R$85,13. (Art. 236)
225. Gravíssima; 07; R$191,54. (Art. 191)
226. Grave; 05; R$127,69. (Art. 190)
227. Grave; 05; R$127,69. (Art. 195)
228. Gravíssima; 07; R$191,54. (Art. 208)
229. Gravíssima; 07; R$191,54. (Art. 166)
230. Média; 04; R$85,13. (Art. 172)
231. Gravíssima; 07; R$191,54 x 5; apreensão do veículo; suspensão do direito de dirigir; remoção do veículo; recolhimento do documento de habilitação. (Art. 174)
232. Gravíssima; 07; R$191,54 x 5; apreensão do veículo; suspensão do direito de dirigir; remoção do veículo; recolhimento do documento de habilitação. (Art. 174)
233. Gravíssima; 07; R$191,54 x 3; apreensão do veículo; suspensão do direito de dirigir; remoção do veículo; recolhimento do documento de habilitação. (Art. 173)
234. Gravíssima; 07; R$191,54; apreensão do veículo; remoção do veículo. (Art. 253)
235. Gravíssima; 07; R$191,54; apreensão do veículo; remoção do veículo. (Art. 234)
236. Média; 04; R$85,13; remoção do veículo. (Art. 180)
237. Média; 04; R$85,13; retenção do veículo para regularização e apreensão das placas irregulares. (Art. 221)

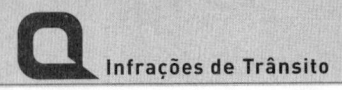

PRF/1998 – com retificações do autor

01. Considere as seguintes situações:

I – Transferência de propriedade do veículo;
II – Mudança do município de domicílio do proprietário do veículo;
III- Alteração de qualquer característica do veículo;.
IV – Mudança de categoria do veículo.

É obrigatória a expedição de novo Certificado de Registro de Veículo nas situações:

a) I e II somente;
b) II e III somente;
c) III e IV somente;
d) I e IV somente;
e) I, II, III e IV.

02. Ao constatar o mau estado de conservação de um veículo, em uma rodovia, o patrulheiro rodoviário deve:

a) *autuar* o condutor e liberar o veículo;
b) advertir o condutor e remover o veículo;
c) *autuar* o condutor e apreender o veículo;
d) *autuar* o condutor e reter o veículo para regularização;
e) advertir o condutor e recolher o Certificado de Registro.

03. O condutor de veículo que estiver envolvido em *acidente* com vítima, que deixar de prestar ou providenciar socorro, podendo fazê-lo, *comete* uma *infração*:

a) grave, com multa (5 vezes) e suspensão do direito de dirigir;
b) gravíssima, com multa (5 vezes) e suspensão do direito de dirigir;
c) grave, com multa (3 vezes) e suspensão do direito de dirigir;
d) gravíssima, com multa (3 vezes) e suspensão do direito de dirigir;
e) gravíssima, com multa (4 vezes)'e recolhimento do documento de habilitação.

04. Nos feriados prolongados, ocorrem com frequência grandes engarrafamentos nas rodovias, devido a prática perigosa de transitar pelo acostamento para ultrapassar veículos em marcha lenta. Atento ao perigo dessa ação, o policial rodoviário poderá *autuar por infração cuja multa é agravada em:*

a) 1,5 vezes;
b) 2 vezes;
c) 3 vezes:
d) 4 vezes;
e) 5 vezes.

05. A utilização de sinais sonoros é importante para o desempenho das funções do policial rodoviário. Ao emitir dois silvos breves, o patrulheiro determina que o motorista:
   a) siga com atenção e, quando for necessário, diminua a marcha do veículo;
   b) siga com atenção e observe com cautela a aproximação de veículo da Polícia:
   c) pare para a fiscalização de documentos ou outro fim;
   d) diminua a marcha devido à aproximação de ambulância;
   e) acenda a lanterna, obedecendo ao sinal sonoro.

06. Considere as seguintes afirmativas sobre veículo a condução de escolares:
   I – deve estar registrado como veículo de carga;
   II – seu condutor deve ter idade mínima superior a 18 anos;
   III- seu condutor deve ser habilitado na categoria D;
   IV – seu condutor não pode ter cometido infração grave ou gravíssima nos últimos 12 meses;
   V- seu condutor não pode ser reincidente em infrações leves nos últimos seis meses.
   Pode-se concluir que:
   a) somente I e IV estão corretas;
   b) somente II e III estão corretas;
   c) somente III e IV estão corretas;
   d) somente II, III,IV e V estão corretas;
   e) todas estão corretas.

07. Em relação a composição e competência do Sistema Nacional de Trânsito, assinale a alternativa correta.
   a) Os CETRAN, Conselhos Estaduais de Trânsito, são órgãos máximos normativos e consultivos do Sistema Nacional de Trânsito.
   b) Estabelecer as diretrizes da Política Nacional de Trânsito é, entre outras, competência da Polícia Rodoviária Federal.
   c) É competência do Contran, Conselho Nacional de Trânsito, zelar pela uniformidade e cumprimento das normas contidas no Código de Trânsito Brasileiro.
   d) Compete às Jari, Juntas Administrativas de Recursos de Infrações, dirimir conflitos sobre circunscrição e competência do trânsito no âmbito dos municípios.
   e) Compete às Câmaras Temáticas julgar os recursos interpostos pelos infratores.

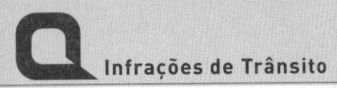

08. Considere algumas das atribuições de órgãos e entidades que compõem o Sistema Nacional de Trânsito.

    I. Estabelecer procedimentos sobre a aprendizagem e habilitação de condutores de veículos, a expedição de documentos de condutores e licenciamento de veículos.

    II. Organizar a estatística geral de trânsito no território nacional, definindo os dados a serem fornecidos pelos demais órgãos e promover sua divulgação.

    III. Efetuar levantamento dos locais de acidentes de trânsito e dos serviços de atendimento, socorro e salvamento de vítimas.

    IV. Realizar o patrulhamento ostensivo, executando operações relacionadas com a segurança pública, com o objetivo de preservar a ordem, incolumidade das pessoas, o patrimônio da União e de terceiros.

    São de competência da Polícia Rodoviária Federal:
    a) somente I;
    b) somente I e III;
    c) somente II e III;
    d) somente III e IV;
    e) I, II, III e IV.

09. Fazer ou deixar que se façam reparos em um veículo na via pública, salvo nos casos de impedimento absoluto de sua remoção e em que o veículo esteja devidamente sinalizado, em pista de rolamento de rodovias e vias de trânsito rápido *resultará em:*
    a) remoção do veículo e multa por infração grave;
    b) remoção do veículo e multa por infração gravíssima;
    c) apreensão do veículo, recolhimento da Carteira Nacional de Habilitação e multa por infração grave;
    d) apreensão do veículo e multa por infração leve;
    e) remoção do veículo e multa por infração leve.

10. São classificadas como médias, com a penalidade de multa e medida administrativa de retenção do veículo, as seguintes infrações:
    a) lotação excedente e motor desligado ou desengrenado, em declive;
    b) documento de habilitação ou identificação do veículo falsificado ou adulterado;
    c) luzes apagadas à noite e registro do veículo não cadastrado;
    d) usar facho de luz alta em vias providas de iluminação pública ou neblina;
    e) rebocar outro veículo com cabo flexível, salvo em casos de emergência.

11. Em uma "barreira eletrônica" situada em rodovia de mão dupla, um veículo é flagrado e fotografado. Além de ultrapassar a velocidade máxima em *mais de 50%,* registrou-se que estava na contramão, ultrapassando outro veículo que respeitou a sinalização. Considerando que no trecho da barreira há uma

marcação dupla amarela contínua, o motorista do veículo infrator está sujeito às seguintes penalidades:
- a) R$191,54 em multas e perda de 8 pontos;
- b) R$383,08 em multas e perda de 10 pontos;
- c) R$574,62 em multas e perda de 21 pontos;
- d) R$766,16 em multas e perda de 14 pontos;
- e) R$957,70 em multas e perda de 12 pontos.

12. Quando se aproximam veículos do Corpo de Bombeiros, ambulâncias, veículos de Polícia e outros, o *agente* pode ter necessidade de impedir o trânsito em todas as direções e depois, ao voltar à normalidade, determinar o movimento normal de seguir em frente. Para tanto, o *agente* deverá usar, *além dos gestos*, dois sinais de apito, que são:
    - a) dois silvos breves / um silvo breve;
    - b) um silvo breve / dois silvos breves;
    - c) três silvos longos / três silvos breves;
    - d) um silvo longo e um breve / um silvo breve;
    - e) um silvo breve e um longo / dois silvos longos.

13. Ao *reter* um motorista que, na via pública, exibiu manobra perigosa, o *agente* efetua o recolhimento do documento de habilitação do infrator, mediante:
    - a) prontuário;
    - b) nota fiscal;
    - c) recibo;
    - d) cálculo de encargos;
    - e) depósito de multa.

14. As placas quadradas, com uma das diagonais em posição vertical, com símbolos e legendas pretos e fundo amarelo têm a seguinte classificação e objetivo:
    - a) de advertência – alertam para as condições potencialmente perigosas;
    - b) de regulamentação – indicam proibições e obrigações;
    - c) indicativas – informam direções e distâncias;
    - d) especiais – apontam a ocorrência de situação de emergência;
    - e) educativas – educam condutores e pedestres quanto ao seu comportamento no trânsito.

15. O candidato, *com 40 anos de idade*, aprovado no exame de habilitação para a categoria C deve receber:
    - a) a Carteira Nacional de Habilitação, renovável a cada ano;
    - b) a Carteira Nacional de Habilitação, renovável, no máximo, a cada cinco anos;
    - c) a Permissão para Dirigir, com validade de um ano;
    - d) a Permissão para Dirigir, com validade de dois anos;
    - e) a Permissão para Dirigir, renovável por três anos.

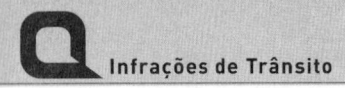

16. Em uma rodovia de pista dupla e duas faixas em cada sentido, onde não existe placa limitando a velocidade, constitui infração, *no caso de o veículo ser um automóvel, transitar com velocidade superior a:*
    a) 40 km/h;
    b) 60 km/h;
    c) 80 km/h;
    d) 90 km/h;
    e) 110 km/h.

17. Visando à segurança dos usuários de motocicletas, o Código de Trânsito Brasileiro determina o uso dos seguintes equipamentos, e define o tipo de infração que sua desobediência causa:
    a) descanso com travas e luz de marcha a ré / infração média;
    b) agasalho de couro e freio hidrovácuo / infração grave;
    c) capacete com viseira ou com óculos de proteção e faróis acesos / infração gravíssima;
    d) odômetro parcial e total e porta-bagagens / infração grave;
    e) almofada acolchoada para carona e espelho côncavo / infração leve.

Gabarito PRF/1998 – com alterações feitas pelo autor

01. E art. 123 – lembrando: prazo para transferência de propriedade: 30 dias
    Demais casos: imediato
02. D art. 230 / XVIII
03. B art. 176 / I
04. C art. 193
05. C anexo II do CTB

06. C
I. errada. Certo: passageiro – art. 136/I
II. errada. Certo: 21 anos – art. 138/I
III. certa – art. 138
IV. certa – art. 138/IV
V. errada – art. 138/IV

07. C
a) errada. Certo: órgão máximo normativo e consultivo – Contran – Art. 7/I
b) errada. Por não estar citada como competência no art. 20 do CTB. Considerando que a PRF faz parte do Sistema Nacional de Trânsito – Art. 6, seria um objetivo básico.
c) certa – art. 12/VII
d) errada. Certo: compete ao Cetran – art. 14/IX
e) errada. Certo: compete à Jari – art. 17/I

08. D
I. errada. Certo: compete ao Denatran – art. 19/VI
II. errada. Certo: compete ao Denatran- art. 19/X
III. certa – art. 20/IV
IV. certa – art. 20/II

09. A art. 179/I

10. A lotação excedente – art. 231/VII
    Motor desligado ou desengrenado, em declive – art. 231/IX

11. D ultrapassar... – art. 203/V
    Exceder a velocidade em mais de 50% – art. 218/III

12. A anexo II do CTB
13. C art. 272
14. A anexo II do CTB
15. B art. 147, § 2º. Importante perceber a idade, com 40 anos, logo menor de 65 anos. Se fosse maior de 65 anos, a renovação seria por, no máximo, três anos.
16. E art. 61
17. C art. 244/I/IV

AUXILIAR DE TRÂNSITO D.F. 2009

Acerca do que dispõe o CTB, julgue os itens subsequentes.

01. O referido código aplica-se aos transportes marítimo e aéreo. ( )

02. A PMDF compõe o Sistema Nacional de Trânsito. ( )

03. Compete ao Denatran estabelecer as normas regulamentares referidas no CTB e as diretrizes da Política Nacional de Trânsito. ( )

04. Considere a seguinte situação hipotética.
    Simone, que foi multada pelo Detran/DF por infração à legislação de trânsito, recorreu da decisão proferida pela Junta Administrativa de Recurso de Infração (JARI).
    Nessa situação, compete ao Conselho de Trânsito do Distrito Federal (Contrandife) julgar o recurso em tela. ( )

05. O presidente do Contrandife é nomeado pelo governador do DF. ( )

06. A carteira nacional de habilitação é expedida pelos respectivos Cetrans, dos estados, ou pelo Contrandife, do DF. ( )

07. Compete aos órgãos ou entidades executivos de trânsito dos estados e do DF, no âmbito de sua circunscrição, vistoriar, registrar, emplacar, selar a placa, e licenciar veículos, expedindo o Certificado de Registro e o Licenciamento Anual (CRLV), mediante delegação do órgão federal competente. ( )

08. Compete à PMDF executar a fiscalização de trânsito, independentemente de convênio. ( )

09. Do total dos valores arrecadados destinados à Previdência Social e relativos ao prêmio do seguro obrigatório de danos pessoais causados por veículos automotores de via terrestre (DPVAT), 10% devem ser repassados mensalmente ao coordenador do Sistema Nacional de Trânsito para aplicação exclusiva em programas destinados à prevenção de acidentes de trânsito. ( )

Acerca do que dispõe as resoluções do Contran, julgue os itens de 100 a 109.

10. Suponha que, em uma oficina especializada, um veículo tenha sido transformado em ambulância. Nesse caso, não é necessária nova emissão de código específico de marca/modelo/versão. ( )

11. Considere a seguinte situação hipotética.
Em janeiro de 2009, Cláudio alugou um veículo em uma locadora, a qual lhe forneceu cópia autenticada do CRLV. Nesse caso, uma resolução do Contran permite o uso dessa cópia como documento de identificação do veículo, de uso obrigatório. ( )

12. Diante da necessidade de facilitar aos órgãos executivos de trânsito e a seus agentes a identificação de certificados de registro de veículos (CRVs) falsos, foi criado um código numérico de segurança para ser utilizado na emissão do citado certificado, o qual é composto de 11 caracteres e deve ser posicionado na parte superior direita do certificado, abaixo do número do CRV. ( )

13. O documento de habilitação possui um número de identificação estadual, que é igual ao número do formulário RENACH, documento de coleta de dados do candidato/condutor, gerado a cada serviço, e composto, obrigatoriamente, por 11 caracteres, sendo as duas primeiras posições formadas pela sigla da unidade da Federação expedidora, facultada a utilização da última posição como dígito verificador de segurança. ( )

14. As receitas arrecadadas com a cobrança das multas de trânsito podem ser aplicadas, entre outros, na elaboração e na atualização do mapa viário do município, no cadastramento e na implantação da sinalização, no desenvolvimento e na implantação de corredores especiais de trânsito nas vias já existentes, na identificação de novos pólos geradores de trânsito e em estudos e estatísticas de acidentes de trânsito. ( )

15. A baixa do registro de veículo somente pode ser autorizada mediante quitação de débitos fiscais e de multas de trânsito e ambientais vinculadas ao veículo, independentemente da responsabilidade pelas infrações cometidas. ( )

16. Considere a seguinte situação hipotética.
Carlos arrematou, por R$5.000,00, em hasta pública, um veículo cujo valor de mercado é de R$12.000,00, mas que possui R$2.000,00 entre multas e tributos.
Nessa hipótese, Carlos deverá pagar, ao final, R$7.000,00.

17. Considere-se que as infrações de um indivíduo cometidas no trânsito tenham atingido, em 12 meses, 40 pontos. Nesse caso, para fins de suspensão do direito de dirigir, devem ser abertos dois processos administrativos de suspensão da carteira: um relativo aos 20 primeiros pontos e outro em relação aos 20 pontos seguintes. ( )

18. Considere a seguinte situação hipotética.
Após cometer várias infrações de trânsito que, juntas, totalizaram mais de 20 pontos, Leandro teve a sua carteira de habilitação apreendida pelo agente de trânsito em uma operação de fiscalização. Nessa situação, o agente de trânsito agiu corretamente. ( )

19. Considere a seguinte situação hipotética.
Antônio praticou sua primeira infração de trânsito em 3/4/2004. Em 10/3/2005, praticou nova infração que, juntas com as demais, totalizaram 20 pontos. Nesse caso, a pretensão punitiva de aplicar a penalidade de suspensão do direito de dirigir prescreverá em 4/4/2009. ( )

Juan, que tem 25 anos de idade, é espanhol e, na Espanha, encontra-se devidamente habilitado para dirigir veículos. Está em viagem de turismo pelo Brasil e, ao tentar alugar um veículo, a locadora solicitou um documento que comprove sua habilitação como condutor de veículos automotores.
Diante dessa situação hipotética, e com base no que dispõe as resoluções do Contran, julgue os itens que se seguem.

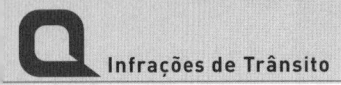

20. Se houver reciprocidade entre Brasil e Espanha, Juan pode utilizar sua própria carteira de habilitação espanhola, pelo prazo máximo de 180 dias, respeitada a validade dessa habilitação, a qual deverá estar acompanhada de tradução juramentada e do seu documento de identificação, não havendo necessidade de qualquer registro junto ao órgão ou entidade executivo de trânsito dos estados ou do DF. ( )

21. Se Juan for detentor de habilitação não reconhecida pelo governo brasileiro, poderá dirigir no território nacional mediante a troca da sua habilitação de origem pela equivalente nacional, junto ao órgão ou entidade executiva de trânsito dos estados ou do DF, desde que seja aprovado nos exames de aptidão física e mental e nas avaliações psicológica e de direção veicular, respeitada a sua categoria. ( )

GABARITO AUXILIAR DE TRÂNSITO D.F. 2009

01. E – o CTB dispõe sobre o trânsito nas vias terrestres. (art. 1º do CTB)
02. C – art. 7º, inciso VI do CTB.
03. E – a competência é do Conselho Nacional de Trânsito – Contran (art. XII, inciso I, do CTB).
04. C – o julgamento é em segunda instância – contra decisão da JARI (art. 14, inciso V-a do CTB)
05. C – art. XV do CTB.
06. E – a competência para expedir a carteira nacional de habilitação é dos órgãos executivos de trânsito dos estados e do D.F., por delegação do Denatran e não dos órgãos consultivos Cetran e Contrandife. (art. 22, inciso II do CTB).
07. C – art. 22, inciso III do CTB.
08. E – a atuação da PMDF ou da PM de qualquer estado, como Polícia de Trânsito, depende de convênio. (art. 23, inciso III do CTB).
09. C – art. 78, parágrafo único.
10. E – é necessária a emissão de código específico de marca/modelo/versão. (Resolução nº 291, art. 2º do Contran).
11. E – o CRLV só é válido no original. (Resolução nº 205 do Contran).
12. C – Resolução nº 209, arts. 2º e 3º do Contran.
13. C – Resolução nº 192 do Contran.
14. C – Resolução nº 191, art. 2º, Contran.
15. C – Resolução nº 11, art. 2º do Contran.
16. E – os valores arrecadados com a venda do veículo deverão ser destinados à quitação de débitos (Resolução nº 331, art. 14, Contran), logo o valor de R$2.000,00 será descontado dos R$5.000,00.

17. E – será instaurado um único processo administrativo. (Resolução nº 182, art. 7, § 1º, Contran).
18. E – a apreensão da CNH se dará após a aplicação da penalidade, logo o agente de trânsito não agiu corretamente. (Resolução nº 182, art. 19, Contran).
19. E – a pretensão punitiva das penalidades de suspensão do direito de dirigir e cassação da CNH prescreverá em cinco anos, contados a partir da data do cometimento da infração que ensejar a instauração do processo administrativo.(Resolução nº 182, arts. 22 e 23 do Contran).
20. E – não será exigida a tradução juramentada. (Resolução nº 360, art. 1º do Contran).
21. C – Resolução nº 360, art. 2º do Contran.

Detran D.F. 2003 retificada pelo autor

Acerca do regime jurídico e das competências do Departamento de Trânsito do Distrito Federal (Detran/DF), julgue os itens a seguir.

01. O Detran/DF exerce cumulativamente as competências que o Código de Trânsito Brasileiro (CTB) atribui aos órgãos executivos de trânsito de níveis estadual e municipal. ( )
02. Ao Detran/DF compete o policiamento e a fiscalização do trânsito nas vias urbanas e nas rodovias que cruzam o território do Distrito Federal (DF). ( )

Com referência a conceitos e definições adotados pela legislação de trânsito brasileira, julgue os itens subsequentes.

03. Praças são logradouros públicos; motonetas são motocicletas de baixa potência; caminhonete e camioneta são termos sinônimos. ( )
04. Vias urbanas são estradas pavimentadas que cortam o perímetro urbano, e vias rurais são estradas não pavimentadas que cortam áreas rurais. ( )

Quanto às regras de circulação de veículos, julgue os itens seguintes.

05. Se dois veículos estiverem prestes a se cruzar em uma rotatória não sinalizada, localizada em uma via urbana coletora, a preferência de passagem será do veículo que estiver circulando pela rotatória. ( )
06. Os veículos precedidos por batedores têm prioridade de passagem e gozam de livre circulação, podendo atravessar sinais vermelhos, desrespeitar faixas de pedestres e ultrapassar o limite de velocidade da via. ( )
07. Se um agente de trânsito ordenar aos condutores dos veículos parados em frente a um semáforo com sinal vermelho que desconsiderem a indicação do semáforo e sigam adiante, esses condutores não deverão obedecer a esse comando porque a ordem de um agente de trânsito não pode prevalecer sobre a sinalização da via nem sobre as regras gerais de trânsito. ( )

Preocupada com os riscos que o grande fluxo de veículos poderia causar às crianças, a associação dos moradores de uma determinada quadra residencial contratou pedreiros para instalar dois quebra-molas próximo ao parque infantil existente na quadra.
Considerando a situação hipotética descrita, julgue os itens a seguir.

08. A implantação dos quebra-molas exigiria prévia autorização do Conselho de Trânsito do Distrito Federal (Contrandife), por ser este o órgão consultivo em matéria de trânsito no território do DF. ( )
09. Se os quebra-molas fossem instalados indevidamente, haveria a prática do crime de obstrução de via pública, definido no CTB e apenado tão somente com multa. ( )

Acerca da habilitação para dirigir e do processo de habilitação, julgue os itens subsequentes.

10. Aos candidatos aprovados em todos os exames de habilitação é conferida uma permissão para dirigir, com validade de um ano, que permite ao seu titular dirigir apenas nas vias urbanas sob jurisdição do órgão executivo de trânsito que emitiu o documento. ( )
11. Embora possam votar, os analfabetos maiores de 18 anos que sejam penalmente imputáveis não podem obter permissão para dirigir. ( )
12. O exame de aptidão física e mental é o primeiro da série de exames aos quais o candidato à habilitação deve submeter-se. ( )
13. Para que possa obter CNH, o titular de uma permissão para dirigir que cometer uma infração de natureza grave durante a vigência da permissão terá de reiniciar todo o processo de habilitação. ( )
14. A cópia da CNH autenticada por um cartório competente não serve como documento válido de habilitação, mesmo que acompanhada por um documento original de identidade que tenha fé pública. ( )
15. Um motorista devidamente habilitado para a condução de ônibus não está, necessariamente, habilitado para a condução de veículos de carga *com PBT superior a 3500 kg, sem unidade acoplada*. ( )
16. No Brasil, para que um estrangeiro com visto de turista possa conduzir automóveis de maneira regular, é necessário que ele se apresente preliminarmente a um órgão executivo de trânsito e obtenha autorização para dirigir veículo automotor. ( )

Acerca das infrações de trânsito, das penalidades a elas cominadas e da sua notificação, julgue os itens que se seguem.

17. Dirigir com CNH cassada ou vencida constitui infração considerada gravíssima. Em ambos os casos, as penalidades administrativas são idênticas. ( )

18. O condutor que, ao receber ordem de um agente de trânsito, se nega a realizar teste em aparelho de ar alveolar para avaliar a concentração de álcool em seu organismo, não apenas pratica infração administrativa, mas também comete crime de desacato. ( )
19. Não constitui infração de trânsito o fato de um automóvel trafegar sem chaves de fenda, desde que contenha outro instrumento adequado para a remoção de calotas. ( )
20. Aplicada uma penalidade pela autoridade de trânsito competente, o infrator deve ser notificado da aplicação. Se a notificação não for recebida pelo infrator em decorrência da desatualização do endereço do proprietário do veículo perante o órgão executivo de trânsito, ainda assim a notificação será considerada válida para todos os efeitos. ( )

Júlia conduzia sua bicicleta pelo bordo direito de uma via coletora de mão dupla, seguindo no sentido de circulação da via, quando foi ultrapassada pelo automóvel conduzido por Tibério.
Considerando a situação hipotética, julgue os itens seguintes.

21. Tibério teria cometido infração de trânsito se, durante a ultrapassagem, houvesse guardado apenas 60 cm de distância lateral entre o seu automóvel e a bicicleta conduzida por Júlia. ( )
22. Júlia conduzia sua bicicleta de maneira irregular, pois, para que o ciclista tenha a possibilidade de enxergar os veículos que dele se aproximam, o CTB determina que os ciclistas devem conduzir-se sempre no sentido contrário ao do fluxo dos veículos automotores. ( )

Sabendo que o CTB determina que é infração punível com multa deixar de manter acesa a luz baixa, à noite, quando o veículo estiver em movimento, julgue os itens a seguir.

23. É obrigatório para os motoristas de automóveis manter as luzes acesas no período que vai das 18h às 6h, pois esse é o período legalmente definido como noite. ( )
24. Embora a Polícia Militar do Distrito Federal (PM/DF) não faça parte do Sistema Nacional de Trânsito, se um agente da PM/DF identificar um automóvel trafegando com faróis apagados à meia-noite, ele pode multar o condutor, pois a competência para multar é inerente ao poder de polícia. ( )
25. Se um agente de trânsito identificar que um automóvel de representação diplomática trafega à noite com os faróis apagados, ele poderá autuar o condutor, independentemente da nacionalidade deste. ( )

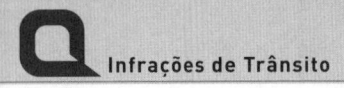

Acerca da utilização de aparelhos, equipamentos, ou outros meios tecnológicos para a comprovação de infração por excesso de velocidade, julgue os itens a seguir.

26. Se a legislação brasileira dispusesse que a utilização de aparelho do tipo móvel apenas poderia ocorrer em vias onde não houvesse variação de velocidade em trechos menores que cinco quilômetros, essa disposição se aplicaria tanto aos aparelhos portáteis quanto àqueles que podem ser temporariamente instalados em suportes adequados. ( )
27. Na utilização de radares fixos para fins de comprovação de infração por excesso de velocidade, não é obrigatória a presença da autoridade de trânsito ou de seu agente no local da infração. ( )
28. Se não houver sinalização vertical de regulamentação de velocidade nos quatrocentos metros que antecedem um determinado ponto de uma via urbana arterial localizada em Brasília, será irregular que o Detran/DF determine a instalação, nesse ponto, de qualquer tipo de equipamento para a comprovação de infração por excesso de velocidade. ( )
29. A legislação brasileira não limita a utilização de radares portáteis somente à fiscalização das vias rurais e das vias urbanas de trânsito rápido. ( )

GABARITO Detran D.F. 2003

01. C – art. 24, inciso XXI, § 1º do CTB
02. E – no que se refere ao policiamento e a fiscalização de trânsito nas vias urbanas, está correto. Em relação às rodovias que cruzam o território do D.F., se forem federais, a competência de policiamento e fiscalização será da Polícia Rodoviária Federal (art. 20 do CTB) e na fiscalização também ao DNIT (art. 21 do CTB). Sendo rodovias e estradas na circunscrição do D.F., a competência será do órgão ou entidade executivo rodoviário do D.F. (art. 21 do CTB).
03. E – praças são logradouros públicos – está correto. As comparações entre motoneta e motocicleta, caminhonete e camioneta estão erradas. (anexo I do CTB).
04. E – veja conceito no anexo I do CTB.
05. C – art. 29, inciso III-b do CTB.
06. E – os veículos precedidos de batedores têm prioridade de passagem (art. 29, inciso VI do CTB), mas precisam respeitar as demais normas de trânsito.
07. E – a ordem do agente prevalece sobre a sinalização e outras normas de circulação (art. 89, inciso I do CTB)

08. E – a competência para instalar os dispositivos e equipamentos e controle viário na área urbana definida no texto da questão é do órgão ou entidade executivo de trânsito. (art. 24, inciso III do CTB).

09. E – não existe previsão, no CTB, de crime para o procedimento. (arts. 302 a 312 do CTB).

10. E – não existe restrição em relação ao documento Permissão para Dirigir. (art. 148, § II do CTB).

11. C – saber ler e escrever é um dos requisitos para a habilitação. (art. 140, inciso II do CTB).

12. C – dos quatro exames do processo de habilitação, o de aptidão física e mental é o primeiro (art. 147 do CTB)

13. C – art. 148, §§ 3º e 4º do CTB.

14. C – art. 129, § 5º do CTB.

15. C – art. 143, inciso IV.

16. E – Consulte a Resolução nº 360 do Contran, que dispõe sobre a habilitação de candidato ou condutor estrangeiro para direção de veículos em território nacional.

17. E – habilitação cassada: infração gravíssima com penalidades de multa (agravada cinco vezes) e apreensão do veículo (art. 162, inciso II). Habilitação vencida: infração gravíssima com penalidade de multa e medida administrativa de recolhimento da habilitação e retenção do veículo até apresentação de condutor habilitado (art. 162, inciso V).

18. E – negar-se a realizar o teste em aparelho de ar alveolar não é motivo para caracterizar infração administrativa ou crime de desacato. O agente poderá aplicar os procedimentos previstos no art. 277 do CTB.

19. C – art. 1º, item 27 da Resolução nº 14 do Contran.

20. C – art. 282, § 1º, do CTB.

21. C – Tibério deveria guardar a distância mínima de 1,50m (art. 201 do CTB).

22. E – Júlia conduzia sua bicicleta, no tipo de via definido pela questão, de forma regular, no mesmo sentido do fluxo. (art. 58 do CTB)

23. E – o período da noite vai do anoitecer (escurecer) ao amanhecer (clarear), não definido em intervalo de horas. A obrigatoriedade do uso de faróis está definida no art. 40, inciso I do CTB.

24. E – se a Polícia Militar não faz parte do Sistema Nacional de Trânsito, não possui o poder de polícia de trânsito (e sim o poder de polícia ostensiva), logo o agente não poderia autuar (art. 123 do CTB).

25. C – não importa se o veículo é de representação diplomática, as normas são para todos (art. 250, inciso I-a).

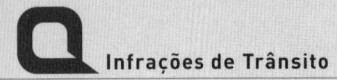

26. E – a utilização do equipamento móvel não é a mesma do estático ou portátil. (Resolução nº 396 do Contran).
27. C – Resolução nº 396, art. 4º, parágrafo 1º – Contran.
28. E – Resolução nº 396, anexo IV – Contran.
29. C – Resolução nº 396 do Contran.

POLÍCIA CIVIL – SÃO PAULO/ 2001

1. **Nas vias urbanas de trânsito rápido, onde não existir sinalização regulamentadora, a velocidade máxima permitida será de**
   a) oitenta quilômetros por hora.
   b) setenta quilômetros por hora.
   c) sessenta quilômetros por hora.
   d) cento e vinte quilômetros por hora.

2. **Assinale a alternativa correta de acordo com o Código de Trânsito em vigor.**
   a) As crianças com idade superior a dez anos só podem ser transportadas nos bancos dianteiros dos veículos.
   b) As crianças com idade inferior a quatorze anos não podem ser transportadas nos bancos dianteiros dos veículos.
   c) As crianças com idade inferior a dez anos devem ser transportadas nos bancos traseiros, salvo exceções regulamentadas pelo Contran.
   d) As crianças com idade inferior a dez anos devem ser transportadas nos bancos dianteiros dos veículos.

3. **Assinale a alternativa que representa um sinal de trânsito.**
   a) Gestos do pedestre.
   b) Gestos do agente de trânsito.
   c) Radares.
   d) Faixa publicitária.

4. **Assinale a alternativa correta.**
   a) Os condutores de motocicletas só poderão circular nas vias utilizando capacete de segurança.
   b) Os condutores de ciclomotores não precisam usar capacete de segurança para circular nas vias.
   c) Os condutores de motocicletas não precisam segurar o guidom com as duas mãos.
   d) Os condutores de motocicletas podem circular sobre as calçadas, ainda que ameacem pedestres.

5. É infração de trânsito gravíssima
   a) dirigir veículo sem a devida atenção.
   b) atirar objetos na via pública.
   c) ter seu veículo imobilizado na via por falta de combustível.
   d) dirigir veículo sem possuir Carteira Nacional de Habilitação.

6. Deixar o condutor de prestar socorro à vítima de acidente de trânsito quando solicitado pela autoridade e seus agentes constitui
   a) infração grave punida com multa.
   b) infração leve punida com advertência por escrito.
   c) infração leve punida com repreensão.
   d) crime específico punido pelo Código Penal.

7. Constitui infração de trânsito gravíssima, punida com multa:
   a) desobedecer às ordens do agente de trânsito;
   b) deixar de dar passagem pela esquerda quando solicitado;
   c) deixar de dar passagem a veículo policial em serviço de urgência e identificado pelo uso de sirene e luz intermitente;
   d) ultrapassar veículo que integre cortejo fúnebre.

8. Fazer uso do facho de luz alta dos faróis em vias providas de iluminação pública representa:
   a) um direito do condutor de veículos;
   b) um dever do condutor de veículos;
   c) contravenção penal;
   d) infração de trânsito leve punida com multa.

9. Estacionar o veículo no passeio ou sobre faixa destinada a pedestre é infração de trânsito:
   a) leve com penalidade de advertência por escrito;
   b) grave com penalidade de multa e medida administrativa de remoção do veículo;
   c) gravíssima com penalidade de multa;
   d) gravíssima com penalidades de multa e apreensão do veículo.

10. Avançar o sinal vermelho do semáforo ou o de parada obrigatória é:
    a) um direito concedido aos policiais em geral;
    b) infração de trânsito leve punida com detenção;
    c) infração de trânsito gravíssima punida com multa;
    d) infração de trânsito gravíssima punida com apreensão da carteira nacional de habilitação.

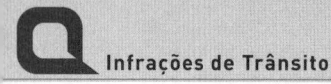

11. Assinale a alternativa correta correspondente ao número de pontos computados de acordo com as infrações de trânsito praticadas.
    a) Infração gravíssima – dez pontos.
    b) Infração grave – sete pontos.
    c) Infração média – cinco pontos.
    d) Infração leve – três pontos.

12. As penalidades de suspensão do direito de dirigir e de cassação do documento de habilitação serão aplicadas:
    a) em processo administrativo, por decisão fundamentada da autoridade competente, assegurado ao infrator direito de ampla defesa;
    b) sempre por meio de sindicância judicial, assegurada defesa ao infrator;
    c) oralmente, nos casos previstos no Código de Trânsito;
    d) em processo administrativo, por decisão desmotivada da autoridade competente.

GABARITO

1. A – art. 61, I, *a*
2. C – art. 64
3. B – anexo II do CTB
4. A – art. 54, I
5. D – art. 162, I
6. A – art. 177
7. C – art. 189
8. D – art. 224
9. B – art. 181, VIII
10. C – art. 208
11. D – art. 259
12. A – art. 265

AGENTE DE TRÂNSITO – PREFEITURA DE ITABORAÍ/RJ – 2007 retificadas pelo autor

01. Nas férias de verão você resolve fiscalizar uma camionete com PBT inferior a 3500 Kg, com capacidade para transportar até seis passageiros, incluindo o motorista, e que circula acoplado a um "trailer", com PBT inferior a 6000 Kg. O condutor desse veículo deve estar habilitado na categoria:
    a) A
    b) B
    c) C
    d) D
    e) E

02. Em relação a segurança dos veículos, o Contran exige como equipamento obrigatório para as bicicletas que transitam:
   a) buzina;
   b) espelho retrovisor do lado esquerdo;
   c) placa identificadora traseira;
   d) luz de emergência;
   e) dispositivo para controle de ruídos.

03. Fazer uso de facho de luz alta dos faróis em vias providas de iluminação pública é infração prevista no Código de Trânsito Brasileiro como:
   a) média;
   b) leve;
   c) grave;
   d) gravíssima;
   e) delito culposo.

04. Dentre as infrações a seguir, assinale aquela que, além da penalidade de multa, aplica-se a medida administrativa de retenção do veículo.
   a) não usar o cinto de segurança
   b) seguir veículo em serviço de urgência
   c) estacionar sobre faixa de pedestres, calçadas ou jardins
   d) fazer conversão em locais proibidos
   e) estacionar em fila dupla

05. Motoneta significa veículo automotor de duas rodas dirigido por condutor:
   a) em posição sentado;
   b) em posição montado;
   c) em posição de pé;
   d) em "side-car";
   e) habilitado para categoria "B".

06. Via rural pavimentada define, de acordo com o glossário do Código de Trânsito Brasileiro, uma:
   a) estrada;
   b) via urbana;
   c) rodovia;
   d) via local;
   e) interseção.

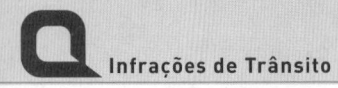

07. Assinale a infração cuja penalidade em multa é a maior no novo Código de Trânsito Brasileiro.
    a) excesso de velocidade, superior a 50% do limite em vias públicas
    b) dirigir ameaçando pedestres
    c) circular sobre calçadas, acostamentos e gramados
    d) dirigir sob influência de álcool
    e) transpor bloqueio viário policial sem autorização

08. Inexistindo sinalização específica que permita a ultrapassagem, esta é proibida, EXCETO:
    a) sobre pontes;
    b) nas passagens de nível;
    c) com coletivo parado;
    d) nas travessias de pedestres;
    e) nos cruzamentos.

09. Multas pecuniárias estão previstas no Código Brasileiro de Trânsito, estando estipulado para infrações de natureza grave o valor correspondente a:
    a) 180 Ufirs – R$191,54
    b) 150 Ufirs
    c) 120 Ufirs – R$127,69
    d) 80 Ufirs – R$85,13
    e) 50 Ufirs – R$53,20

10. Ao identificar um veículo policial trafegando em serviço, com os dispositivos de alarme sonoro (sirene) e de iluminação vermelha intermitentes acionados, é seu dever:
    a) parar instantaneamente;
    b) deixar livre a passagem pela faixa da esquerda;
    c) acionar sua buzina incessantemente;
    d) ligar seu pisca alerta;
    e) atravessar seu veículo bloqueando o cruzamento.

11. Os membros do Contran são nomeados pelo:
    a) Poder legislativo;
    b) Poder executivo;
    c) Poder judiciário;
    d) presidente do Denatran;
    e) presidente do Cetran.

12. São exemplos de medidas administrativas previstas no código de trânsito, EXCETO:
    a) retenção do veículo;
    b) recolhimento da Carteira Nacional de Habilitação;
    c) trasbordo do excesso de carga;
    d) suspensão do direito de dirigir;
    e) recolhimento do certificado de registro.

GABARITO

01. A – art. 143, V com redação dada pela Lei nº 12.452/2011
02. B – art. 105, VI
03. A – art. 224
04. A – art. 167
05. A – anexo I do CTB
06. C – anexo I do CTB
07. D – art. 165
08. C – art. 31
09. C – art. 258 e Resolução nº 136 do Contran
10. B – art. 29, VII, *a*
11. B – art. 313
12. D – art. 269

AGENTE DE TRÂNSITO – PREFEITURA DE TERESINA/PI – 2011 retificadas pelo autor

01. O Conselho Nacional de Trânsito (Contran), com sede no Distrito Federal e presidido pelo dirigente do órgão máximo executivo de trânsito da União, é composto de:
    I. um representante do Ministério da Ciência e Tecnologia;
    II. um representante do Ministério *da Defesa;*
    III. um representante do Ministério ou órgão coordenador máximo do Sistema Nacional de Trânsito;
    IV. um representante do Ministério da Educação.
    a) Apenas o item III está correto.
    b) Todos os itens estão corretos.
    c) Apenas os itens I e III estão corretos.
    d) Todos os itens estão incorretos.
    e) Apenas o item II está correto.

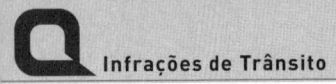

02. Considere as seguintes *afirmativas*.
   I. Afastar-se o condutor do veículo do local do acidente, para fugir à responsabilidade penal ou civil que lhe possa ser atribuída: Penas – detenção, de 6 (seis) meses a 1 (um) ano, ou multa.
   II. Dirigir veículo automotor, em via pública, sem a devida Permissão para Dirigir ou Habilitação ou, ainda, se cassado o direito de dirigir, gerando perigo de dano: Penas – detenção, de 6 (seis) meses a 1 (um) ano, ou multa.
   III. Praticar lesão corporal culposa na direção de veículo automotor: Penas – detenção, de 6 (seis) meses a 2 (dois) anos e suspensão ou proibição de se obter a permissão ou a habilitação para dirigir veículo automotor.

   Segundo o capítulo dos crimes de trânsito, constantes no Código de Trânsito Brasileiro, é *passível de aumento de pena:*
   a) Apenas o item I.
   b) Apenas o item II.
   c) Apenas o item III.
   d) Apenas os itens II e III.
   e) Apenas os itens I e II.

03. Assinale (F) ou (V), conforme as assertivas sejam Falsas ou Verdadeiras, respectivamente, e marque a opção CORRETA:
   ( ) A velocidade mínima não poderá ser inferior à metade da velocidade máxima estabelecida, respeitadas as condições operacionais de trânsito e da via.
   ( ) Os Ministérios da Saúde, da Educação e do Desporto, do Trabalho, dos Transportes e da Justiça, por intermédio do Contran (Conselho Nacional de Trânsito), desenvolverão e implementarão programas destinados à prevenção de acidentes.
   ( ) Os Presidentes dos Cetran (Conselho Estadual de Trânsito) e do Contrandife (Conselho de Trânsito do Distrito Federal) são nomeados, respectivamente, pelos Governadores dos Estados e Presidente da República.
   ( ) O Mandato dos membros do Cetran (Conselho Estadual de Trânsito) e do Contrandife (Conselho de Trânsito do Distrito Federal) é de 3 (três) anos, admitida a recondução.
   ( ) A educação para o trânsito é direito de todos e constitui dever prioritário para os componentes do Sistema Nacional de Trânsito.
   a) F, V, F, V, F.
   b) V, F, F, V, V.
   c) V, F, V, F, V.
   d) V, V, F, F, V.
   e) V, F, F, V, F.

04. **Bloquear a via com veículo** corresponde a uma infração:
   a) leve;
   b) gravíssima;
   c) grave;
   d) levíssima;
   e) média;

05. De acordo com a Tabela de Distribuição de Competências – Fiscalização de Trânsito, Aplicação das Medidas Administrativas, Penalidades Cabíveis e Arrecadação de Multas Aplicadas, instituída pela Resolução nº 66 – Contran, de 23/09/1998, assinale a opção CORRETA.
   a) Dirigir o veículo com o braço do lado de fora – competência do município.
   b) Executar operação de retorno nas curvas, aclives, declives, pontes, viadutos e túneis – competência do estado.
   c) Parar o veículo nos viadutos, pontes e túneis – competência do estado.
   d) Estacionar o veículo nos acostamentos, salvo motivo de força maior – competência do estado.
   e) Transitar com o veículo com lotação excedente – competência apenas do município.

06. A Resolução nº 66 – Contran, de 23/09/1998, instituiu a Tabela de distribuição de competência dos órgãos executivos de trânsito, a qual contém a descrição da infração e distribui competência de Fiscalização de Trânsito, Aplicação das Medidas Administrativas, Penalidades Cabíveis e Arrecadação de Multas Aplicadas.
   Nas assertivas a seguir, assinale Verdadeiro (V) ou Falso (F), marcando, ao final, a opção CORRETA.
   ( ) Dirigir veículo com a validade da Carteira Nacional de Habilitação vencida há mais de 30 dias – competência do estado.
   ( ) Conduzir motocicleta, motoneta e ciclomotor com os faróis apagados – competência do município.
   ( ) Deixar o condutor ou passageiro de usar o cinto de segurança – competência apenas do estado.
   ( ) Estacionar o veículo ao lado de outro veículo em fila dupla – competência do município.
   a) F, F, V, V.
   b) F, V, V, F.
   c) V, F, V, V.
   d) V, V, V, F.
   e) V, V, F, V.

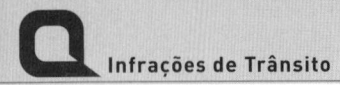

07. O condutor de veículo destinado à condução de escolares deve satisfazer, além de outros, o seguinte requisito:
    a) ser habilitado na categoria C;
    b) ser habilitado na categoria E;
    c) ser habilitado na categoria AB;
    d) ter idade mínima de 18 (dezoito) anos;
    e) ter idade superior a 21 (vinte e um) anos.

08. É competência do Conselho Nacional de Trânsito:
    a) dirimir conflitos sobre circunscrição e competência de trânsito no âmbito dos municípios;
    b) estimular e orientar a execução de campanhas educativas de trânsito;
    c) julgar os recursos interpostos contra decisões das Jari, no âmbito dos estados;
    d) estabelecer as diretrizes do regimento das Jari (Junta Administrativa de Recursos da Infração);
    e) organizar e manter o Registro Nacional de Veículos Automotores – Renavam.

09. "Deixar de dar passagem pela esquerda, quando solicitado" corresponde a uma infração:
    a) grave;
    b) leve;
    c) levíssima;
    d) gravíssima;
    e) média.

10. Os sinais de trânsito classificam-se em:
    a) verticais, horizontais, luminosos, sonoros, gestos do agente de trânsito e do condutor;
    b) verticais, horizontais, dispositivos de sinalização auxiliar, luminosos, sonoros, gestos do agente de trânsito e do condutor;
    c) verticais, horizontais, dispositivos de sinalização auxiliar, luminosos e sonoros;
    d) verticais, horizontais, dispositivos de sinalização auxiliar, luminosos, gestos do agente de trânsito e do condutor;
    e) horizontais, dispositivos de sinalização auxiliar, luminosos, sonoros, gestos do agente de trânsito e do condutor.

11. Relacione as colunas e, em seguida, assinale a opção CORRETA.
    Segundo o Código de Trânsito Brasileiro a velocidade máxima permitida para a via será indicada por meio de sinalização. Onde não existir sinalização

regulamentadora, a velocidade máxima nas vias rurais: rodovias e estradas será de:
1. Cento e dez quilômetros por hora nas rodovias.
2. Noventa quilômetros por hora nas rodovias.
3. Oitenta quilômetros por hora nas rodovias.
4. Sessenta quilômetros por hora.
( ) para ônibus e micro-ônibus.
( ) para os demais veículos.
( ) nas estradas.
( ) para automóveis, camionetas e motocicletas.
a) 3, 4, 1, 2.
b) 2, 3, 1, 4.
c) 3, 2, 4, 1.
d) 2, 3, 4, 1.
e) 4, 2, 3, 1.

12. Um agente de trânsito que, por meio dos sinais sonoros, emite dois silvos breves quer indicar:
a) diminuição de marcha;
b) pare;
c) atenção;
d) siga;
e) observe.

13. Relacione as colunas e, após, assinale a opção CORRETA.
1. Via de trânsito rápido
2. Via arterial
3. Via coletora
4. Via local
( ) Aquela caracterizada por interseções em nível, geralmente controlada por semáforo, com acessibilidade aos lotes lindeiros e às vias secundárias e locais, possibilitando o trânsito entre as regiões da cidade.
( ) Aquela caracterizada por interseções em nível não semaforizadas, destinada apenas ao acesso local ou a áreas restritas.
( ) Aquela caracterizada por acessos especiais com trânsito livre, sem interseções em nível, sem acessibilidade direta aos lotes lindeiros e sem travessia de pedestres em nível.
( ) Aquela destinada a coletar e distribuir o trânsito que tenha necessidade de entrar ou sair das vias de trânsito rápido ou arteriais, possibilitando o trânsito dentro das regiões da cidade.
a) 2, 3, 4, 1.
b) 2, 4, 3, 1.
c) 2, 4, 1, 3.
d) 3, 2, 1, 4.
e) 3, 4, 2, 1.

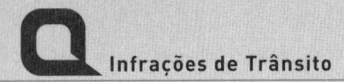

14. O candidato à habilitação deverá submeter-se a exames realizados pelo órgão executivo de trânsito dos Estados ou do Distrito Federal, na seguinte ordem:
    a) escrito, sobre legislação de trânsito; de noções de primeiros socorros; de direção veicular, realizado na via pública, em veículo de categoria para a qual estiver habilitando-se;
    b) escrito, sobre legislação de trânsito; de aptidão física e mental; de noções de primeiros socorros; de direção veicular, realizado na via pública, em veículo de categoria para a qual estiver habilitando-se;
    c) de aptidão física e mental; de noções de primeiros socorros; de direção veicular, realizado na via pública, em veículo de categoria para a qual estiver habilitando-se; escrito, sobre legislação de trânsito;
    d) de aptidão física e mental; de noções de primeiros socorros; escrito, sobre legislação de trânsito; de direção veicular, realizado na via pública, em veículo de categoria para a qual estiver habilitando-se;
    e) de aptidão física e mental; escrito, sobre legislação de trânsito; de noções de primeiros socorros; de direção veicular, realizado na via pública, em veículo de categoria para a qual estiver habilitando-se.

15. "Deixar de parar o veículo antes de transpor linha férrea" corresponde a uma infração do tipo:
    a) leve;
    b) média;
    c) grave;
    d) gravíssima;
    e) levíssima.

16. Onde não existir sinalização regulamentadora, a velocidade máxima nas vias urbanas: locais, coletoras, arteriais e trânsito rápido, respectivamente, serão de:
    a) 30 km/h – 40 km/h – 60 km/h – 80 km/h;
    b) 80 km/h – 50 km/h – 40 km/h – 30 km/h;
    c) 110 km/h – 70 km/h – 40 km/h – 30 km/h;
    d) 30 km/h – 40 km/h – 80 km/h – 90 km/h;
    e) 90 km/h – 70 km/h – 30 km/h – 40 km/h.

17. "Transpor, sem autorização, bloqueio viário policial" é uma infração do tipo:
    a) gravíssima;
    b) média;
    c) grave;
    d) levíssima;
    e) leve.

18. Leia as assertivas a seguir e marque a opção CORRETA.
    A Resolução nº 82, de 19 de novembro de 1998, "trata sobre o transporte de passageiros em veículos de carga".
    I.   O transporte de passageiros em veículos de carga, remunerado ou não, poderá ser autorizado eventualmente e a título precário, desde que atenda aos requisitos estabelecidos na referida Resolução.
    II. As autoridades com circunscrição sobre as vias a serem utilizadas no percurso pretendido são competentes para autorizar, permitir e fiscalizar esse transporte, por meio de seus órgãos próprios.
    III. Para o transporte de passageiros em veículos de carga poderão ser utilizados os veículos denominados "boiadeiros".
    IV. A autorização de transporte será concedida para uma ou mais viagens, desde que não ultrapasse a validade do Certificado de Registro e Licenciamento do Veículo – CRLV.
    a)   Somente I e II estão corretas.
    b)   Todas estão incorretas.
    c)   Somente I, II e IV estão corretas.
    d)   Somente I e IV estão incorretas.
    e)   Todas estão corretas.

19. A Resolução nº 304, 18 de dezembro de 2008, através do art. 7º da Lei Federal nº 10.098, de 19.12.2000, estabelece:
    a)   a obrigatoriedade de reservar 10% (dez por cento) das vagas em estacionamento regulamentado de uso público para serem utilizadas exclusivamente por veículos que transportem pessoas portadoras de deficiência ou com dificuldade de locomoção;
    b)   a obrigatoriedade de reservar 2% (dois por cento) das vagas em estacionamento regulamentado de uso público para serem utilizadas exclusivamente por veículos que transportem pessoas portadoras de deficiência ou com dificuldade de locomoção;
    c)   a obrigatoriedade de reservar 3% (três por cento) das vagas em estacionamento regulamentado de uso público para serem utilizadas exclusivamente por veículos que transportem pessoas portadoras de deficiência ou com dificuldade de locomoção;
    d)   a obrigatoriedade de reservar 5% (cinco por cento) das vagas em estacionamento regulamentado de uso público para serem utilizadas exclusivamente por veículos que transportem pessoas portadoras de deficiência ou com dificuldade de locomoção;
    e)   a obrigatoriedade de reservar 4% (quatro por cento) das vagas em estacionamento regulamentado de uso público para serem utilizadas exclusivamente por veículos que transportem pessoas portadoras de deficiência ou com dificuldade de locomoção.

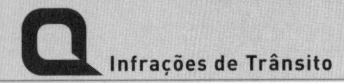

20. Atirar do veículo ou abandonar na via objetos ou substâncias configura infração:
    a) grave;
    b) média;
    c) gravíssima;
    d) leve;
    e) levíssima.

21. A Resolução nº 303, 18 de dezembro de 2008, através do art. 41 da Lei Federal nº 10.741, de 1/10/2003, estabelece:
    a) a obrigatoriedade de se destinar 2% (dois por cento) das vagas em estacionamento regulamentado de uso público para serem utilizadas exclusivamente por idosos;
    b) a obrigatoriedade de se destinar 10% (dez por cento) das vagas em estacionamento regulamentado de uso público para serem utilizadas exclusivamente por idosos;
    c) a obrigatoriedade de se destinar 4% (quatro por cento) das vagas em estacionamento regulamentado de uso público para serem utilizadas exclusivamente por idosos;
    d) a obrigatoriedade de se destinar 3% (três por cento) das vagas em estacionamento regulamentado de uso público para serem utilizadas exclusivamente por idosos;
    e) a obrigatoriedade de se destinar 5% (cinco por cento) das vagas em estacionamento regulamentado de uso público para serem utilizadas exclusivamente por idosos.

22. Em tema de pneus reformados, quer seja pelo processo de recapagem, recauchutagem ou remoldagem, previstas pela Resolução nº 158, de 22/04/2004, fica proibido o uso desses pneus:
    a) em ônibus e micro-ônibus;
    b) em caminhonete e caminhão;
    c) camioneta e utilitários;
    d) em ciclomotores, motonetas, motocicletas e triciclos;
    e) todas as respostas estão erradas.

23. De acordo com o art. 259 do Código de Trânsito Brasileiro, a cada infração cometida são computados os seguintes números de pontos:
    a) gravíssima – sete pontos; grave – seis pontos; média – quatro pontos; leve – três pontos;
    b) gravíssima – seis pontos; grave – cinco pontos; média – quatro pontos; leve – três pontos;
    c) gravíssima – sete pontos; grave – cinco pontos; média – quatro pontos; leve – três pontos;

d) gravíssima – sete pontos; grave – cinco pontos; média – quatro pontos; leve – dois pontos;

e) gravíssima – sete pontos; grave – seis pontos; média – cinco pontos; leve – três pontos.

24. **As infrações punidas com multas classificam-se, de acordo com sua gravidade, em quatro categorias e punidas com multa de valor correspondente em UFIR a:**
    a) gravíssima, punida com multa de valor correspondente a 180 (cento e oitenta) UFIR.(R$191,54);
    b) grave, punida com multa de valor correspondente a 160 (cento e sessenta) UFIR;
    c) média, punida com multa de valor correspondente a 120 (cento e vinte) UFIR.(R$127,69);
    d) leve, punida com multa de valor correspondente a 80 (oitenta) UFIR. (R$85,13);
    e) levíssima, punida com multa de valor correspondente a 50 (cinquenta) UFIR.(R$53,20).

25. **O infrator será submetido a curso de reciclagem, na forma estabelecida pelo Contran:**
    a) quando se envolver em acidente grave para o qual haja contribuído, independentemente de processo judicial;
    b) quando do recolhimento do certificado de registro;
    c) se, alienado o veículo, não for transferida sua propriedade no prazo de 30 dias;
    d) quando cometer infração gravíssima;
    e) quando cometer infração grave.

26. **O recolhimento do Certificado de Registro dar-se-á mediante recibo, além dos casos previstos no Código de Trânsito Brasileiro:**
    a) quando suspenso do direito de dirigir;
    b) se o prazo de licenciamento estiver vencido;
    c) quando condenado judicialmente por delito de trânsito;
    d) a qualquer tempo, se for constatado que o condutor está colocando em risco a segurança do trânsito;
    e) quando houver suspeita de inautenticidade ou adulteração do Certificado de Registro.

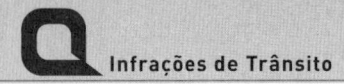

27. O recolhimento do Certificado de Licenciamento Anual dar-se-á mediante recibo, além dos casos previstos no Código de Trânsito Brasileiro:
    a) se alienado o veículo, não for transferida sua propriedade no prazo de 30 dias;
    b) a qualquer tempo, se for constatado que o condutor está colocando em risco a segurança do trânsito;
    c) no caso de retenção do veículo, se a irregularidade não puder ser sanada no local;
    d) quando o condutor for condenado judicialmente por delito de trânsito;
    e) se o prazo de licenciamento estiver vencido.

28. Assinale falso (F) ou verdadeiro (V) nas assertivas relacionadas, marcando, ao final, a opção CORRETA.
    Transitar com o veículo com excesso de peso, admitido percentual de tolerância quando aferido por equipamento, na forma a ser estabelecida pelo Contran, com penalidade de multa acrescida a cada duzentos quilogramas ou fração de excesso de peso apurado, constante na seguinte tabela:
    ( ) até seiscentos quilogramas – 5 (cinco) UFIR.
    ( ) de seiscentos e um a oitocentos quilogramas – 15 (quinze) UFIR.
    ( ) de oitocentos e um a um mil quilogramas – 25 (vinte e cinco) UFIR.
    ( ) de um mil e um a três mil quilogramas – 30 (trinta) UFIR.
    a) V, F, F, V.
    b) V, V, F, F.
    c) F, F, V, V.
    d) V, V, F, V.
    e) V, F, V, F.

29. De acordo com o Código de Trânsito Brasileiro, os veículos classificam-se quanto à tração, quanto à espécie e quanto à categoria. Em relação a essa classificação, estabeleça a correspondência entre a primeira e a segunda coluna e assinale a opção CORRETA.
    1. Quanto à tração
    2. Quanto à espécie
    3. Quanto à categoria
    ( ) oficial, particular, de aluguel
    ( ) de passageiros, de carga, misto
    ( ) automotor, elétrico, de propulsão humana
    ( ) de aprendizagem, de representação diplomática
    ( ) de competição, especial e de coleção
    a) 3 – 1 – 3 – 2 – 2.
    b) 3 – 2 – 2 – 3 – 1.
    c) 2 – 3 – 1 – 1 – 2.
    d) 1 – 1 – 2 – 2 – 3.
    e) 3 – 2 – 1 – 3 – 2.

GABARITO AGENTE DE TRÂNSITO – PREFEITURA DE TERESINA

01. B – art. 10
02. C – art. 303 parágrafo único – O aumento de pena só se aplica ao homicídio culposo na direção de veículo automotor e na lesão corporal culposa na direção de veículo automotor.

03. D – V – art. 62
    V – art. 78
    F – art. 15 serão nomeados pelos governadores dos estados e do D.F.
    F – art. 15, § 3º – o mandato é de dois anos admitida a recondução.
    V – art. 5

04. B – art. 253
05. A – Resolução nº 66 – Contran, de 23/09/1998
06. E – Resolução nº 66 – Contran, de 23/09/1998
07. E – art. 138
08. D – art. 12, VI
09. E – art. 198
10. B – art. 87
11. D – art. 61, II
12. B – anexo II do Código de Trânsito Brasileiro
13. C – anexo I do Código de Trânsito Brasileiro
14. E – art. 147
15. D – art. 212
16. A – art. 61
17. A – art. 209
18. C – Resolução nº 82 – Contran, de 19 de novembro de 1998
19. B – Resolução nº 304 – Contran, de 18 de dezembro de 2008
20. B – art. 172
21. E – Resolução nº 303 – Contran, de 18 de dezembro de 2008
22. D – Resolução nº 158 – Contran, de 22 de abril de 2004
23. C – art. 259
24. A – art. 258
25. A – art. 268, III
26. E – art. 273, I
27. C – art. 274, III
28. A – art. 231, V
29. E – art. 96

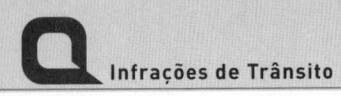

Exercícios de revisão da Lei nº 9.503, de 23 de setembro de 1997

1. A utilização das vias por pessoas, veículos e animais, isolados ou em grupos, conduzidos ou não, para fins de circulação, parada, estacionamento e operação de carga ou descarga, denominamos:
   a) transporte;
   b) trânsito;
   c) vias urbanas;
   d) **a** e **b** estão corretas;
   e) **b** e **c** estão corretas.

2. Ao conjunto de órgãos e entidades responsáveis pela adoção de medidas que visem proporcionar um trânsito seguro, denominamos:
   a) CONTRAN;
   b) DENATRAN;
   c) Sistema Nacional de Trânsito;
   d) CETRAN;
   e) DETRAN.

3. As vias urbanas e rurais, as ruas, as avenidas, os logradouros, os caminhos, as passagens, as estradas e as rodovias, que terão seu uso regulamentado pelo órgão ou entidade com circunscrição sobre elas, de acordo com as peculiaridades locais e as circunstâncias especiais, denominamos:
   a) vias terrestres;
   b) vias urbanas;
   c) vias rurais;
   d) vias de trânsito;
   e) vias de circulação.

4. As praias abertas à circulação pública e as vias internas pertencentes aos condomínios constituídos por unidades autônomas, são consideradas:
   a) vias terrestres;
   b) vias urbanas;
   c) vias rurais;
   d) vias de trânsito;
   e) vias de circulação.

5. Ao conjunto de órgãos e entidades da União, dos Estados, do Distrito Federal e dos Municípios que tem por finalidade o exercício das atividades de planejamento, administração, normatização, pesquisa, registro e licenciamento de veículos, formação, habilitação e reciclagem de condutores, educação, engenharia, operação do sistema viário, policiamento, fiscalização, julgamento de infrações e de recursos e aplicação de penalidades, denominamos:
   a) CONTRAN;
   b) DENATRAN;
   c) Sistema Nacional de Trânsito;
   d) DETRAN;
   e) CETRAN.

6. Estabelecer diretrizes da Política Nacional de Trânsito, com vistas à segurança, à fluidez, ao conforto, à defesa ambiental e à educação para o trânsito e fiscalizar seu cumprimento; fixar, mediante normas e procedimentos, a padronização de critérios técnicos, financeiros e administrativos para a execução das atividades de trânsito; estabelecer a sistemática de fluxos permanentes de informações entre os seus diversos órgãos e entidades, a fim de facilitar o processo decisório e a integração do Sistema, são diretrizes básicas do:
   a) CONTRAN;
   b) DENATRAN;
   c) Sistema Nacional de Trânsito;
   d) DETRAN;
   e) CETRAN.

7. Compõem o Sistema Nacional de Trânsito os seguintes órgãos e entidades:
   a) o Conselho Nacional de Trânsito – CONTRAN, coordenador do Sistema e órgão máximo no normativo e consultivo;
   b) os Conselhos Estaduais de Trânsito – CETRAN e o Conselho de Trânsito do Distrito Federal – CONTRANDIFE, órgãos normativos, consultivos e coordenadores; os órgãos e entidades executivos de trânsito da União, dos Estados, do Distrito Federal e dos Municípios;
   c) os órgãos e entidades executivos rodoviários da União, dos Estados, do Distrito Federal e dos Municípios; a Polícia Rodoviária Federal, as Polícias Militares dos Estados e do Distrito Federal;
   d) as Juntas Administrativas de Recursos de Infrações – JARI;
   e) as alternativas se completam.

8. A coordenação máxima do Sistema Nacional de Trânsito, ao qual estará vinculado o CONTRAN e subordinado o órgão máximo executivo de trânsito da União, compete ao:
   a) Ministério dos Transportes;
   b) Ministério do Meio Ambiente;
   c) Ministério da Justiça;
   d) Ministério das Cidades;
   e) CONTRAN.

9. O Conselho Nacional de Trânsito – CONTRAN, com sede no Distrito Federal e presidido pelo dirigente do órgão máximo executivo de trânsito da União, tem a seguinte composição:
   a) um representante do Ministério da Ciência e Tecnologia; um representante do Ministério da Educação ;
   b) um representante do Ministério da Defesa; um representante do Ministério do Meio Ambiente ;

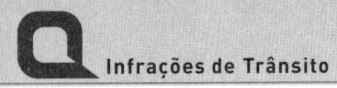

c) um representante do Ministério dos Transportes; um representante do Ministério da Justiça;
d) um representante do Ministério da Saúde ; um representante do Ministério das Cidades:
e) as alternativas se completam.

10. **Estabelecer as normas regulamentares referidas no Código e as diretrizes da Política Nacional de Trânsito;**
    - coordenar os órgãos do Sistema Nacional de Trânsito, objetivando a integração de suas atividades;
    - criar Câmaras Temáticas;
    - estabelecer seu regimento interno e as diretrizes para o funcionamento dos CETRAN e CONTRANDIFE;
    - estabelecer as diretrizes do regimento das JARI;
    - zelar pela uniformidade e cumprimento das normas contidas neste Código e nas resoluções complementares;
    - estabelecer e normatizar os procedimentos para a imposição, a arrecadação e a compensação das multas por infrações cometidas em unidade da Federação diferente da do licenciamento do veículo;
    - responder às consultas que lhes forem formuladas, relativas à aplicação da legislação de trânsito;
    - normatizar os procedimentos sobre a aprendizagem, habilitação, expedição de documentos de condutores, e registro e licenciamento de veículos;
    - aprovar, complementar ou alterar os dispositivos de sinalização e os dispositivos e equipamentos de trânsito;
    - apreciar os recursos interpostos contra as decisões das instâncias inferiores, na forma deste Código;
    - avocar, para análise e soluções, processos sobre conflitos de competência ou circunscrição, ou, quando necessário, unificar as decisões administrativas; e
    - dirimir conflitos sobre circunscrição e competência de trânsito no âmbito da União, dos Estados e do Distrito Federal são competências:
    a) do DENATRAN;
    b) dos CETRAN;
    c) dos DETRAN;
    d) do CONTRANDIFE;
    e) do CONTRAN.

11. Órgãos técnicos vinculados ao CONTRAN, integrados por especialistas que têm como objetivo estudar e oferecer sugestões e embasamento técnico sobre assuntos específicos para decisões daquele colegiado, são denominados:

a) CETRAN;
b) DETRAN;
c) Câmaras Temáticas;
d) Centros de Apoio;
e) Conselhos Consultivos.

12. Cumprir e fazer cumprir a legislação e as normas de trânsito, no âmbito das respectivas atribuições;
    - elaborar normas no âmbito dos Estados e do Distrito Federal;
    - responder a consultas relativas à aplicação da legislação e dos procedimentos normativos de trânsito;
    - estimular e orientar a execução de campanhas educativas de trânsito;
    - julgar os recursos interpostos contra decisões:
      a) das JARI;
      b) dos órgãos e entidades executivos estaduais, nos casos de inaptidão permanente constatados nos exames de aptidão física, mental ou psicológica;
    - indicar um representante para comissão examinadora de candidatos portadores de deficiência física à habilitação para conduzir veículos automotores;
    - acompanhar e coordenar as atividades de administração, educação, engenharia, fiscalização, policiamento ostensivo de trânsito, formação de condutores, registro e licenciamento de veículos, articulando os órgãos do Sistema no Estado, reportando-se ao CONTRAN;
    - dirimir conflitos sobre circunscrição e competência de trânsito no âmbito dos Municípios; e
    - informar ao CONTRAN sobre o cumprimento das exigências definidas nos §§ 1º e 2º do art. 333.

    Designar, em caso de recursos deferidos e na hipótese de reavaliação dos exames, junta especial de saúde para examinar os candidatos à habilitação para conduzir veículos automotores, (acrescido pela Lei nº 9.602, de 21 de janeiro de 1998) são competências:
    a) dos DETRAN;
    b) dos CETRAN;
    c) do CONTRAN;
    d) do CONTRANDIFE;
    e) b e d estão corretas.

13. Nomear os presidentes dos CETRAN e do CONTRANDIFE, é competência:
    a) do Presidente da República;
    b) dos prefeitos;
    c) do Ministério da Justiça;
    d) dos governadores dos Estados e do Distrito Federal;
    e) dos membros do CONTRAN.

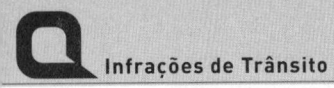

14. Admitida a recondução, o mandato dos membros do CETRAN e do CONTRANDIFE é de:
    a) 5 anos;
    b) 3 anos;
    c) 1 ano;
    d) 2 anos;
    e) 4 anos.

15. Órgãos colegiados responsáveis pelo julgamento dos recursos interpostos contra penalidades impostas por órgãos ou entidades executivos de trânsito:
    a) Câmaras Temáticas;
    b) Juntas de Julgamento;
    c) CETRAN;
    d) DETRAN;
    e) JARI.

16. Julgar os recursos interpostos pelos infratores,
    - solicitar aos órgãos e entidades executivos de trânsito e executivos rodoviários informações complementares relativas aos recursos, objetivando uma melhor análise da situação recorrida;
    - encaminhar aos órgãos e entidades executivos de trânsito e executivos rodoviários informações sobre problemas observados nas autuações e apontados em recursos, e que se repitam sistematicamente são competências do(s) (as):
    a) CONTRAN;
    b) DETRAN;
    c) CETRAN;
    d) DENATRAN;
    e) JARI.

17. Cumprir e fazer cumprir a legislação de trânsito e a execução das normas e diretrizes estabelecidas pelo CONTRAN, em todo Território Nacional;
    - supervisionar a implantação de projetos e programas relacionados com a engenharia, educação, administração, policiamento e fiscalização do trânsito e outros, visando à uniformidade de procedimento;
    - estabelecer procedimentos sobre a aprendizagem e habilitação de condutores de veículos, a expedição de documentos de condutores, de registro e licenciamento de veículos;
    - expedir a permissão para dirigir, a Carteira Nacional de Habilitação, os Certificados de Registro e o de Licenciamento Anual mediante delegação aos órgãos executivos dos Estados e do Distrito Federal;
    - organizar e manter o Registro Nacional de Carteiras de Habilitação – RENACH;
    - organizar e manter o Registro Nacional de Veículos Automotores – RENAVAM;

- estabelecer procedimentos para a concessão do código marca-modelo dos veículos para efeito de registro, emplacamento e licenciamento, são algumas das competências do(s):
a) Ministério da Justiça;
b) CONTRAN;
c) Ministério dos Transportes;
d) DENATRAN;
e) CETRAN.

18. Cumprir e fazer cumprir a legislação e as normas de trânsito, no âmbito das rodovias federais;
    - realizar o patrulhamento ostensivo, executando operações relacionadas com a segurança pública, com o objetivo de preservar a ordem, incolumidade das pessoas, o patrimônio da União e o de terceiros;
    - aplicar e arrecadar as multas impostas por infrações de trânsito, as medidas administrativas decorrentes e os valores provenientes de estada e remoção de veículos, objetos, animais e escolta de veículos de cargas superdimensionadas ou perigosas, no âmbito das rodovias e estradas federais, são algumas das competências da(s):
    a) Guardas Municipais;
    b) Polícias Militares;
    c) Polícia Rodoviária Federal;
    d) Polícia Federal;
    e) Polícias Rodoviárias Estaduais.

19. Efetuar levantamento dos locais de acidentes de trânsito e dos serviços de atendimento, socorro e salvamento de vítimas;
    - credenciar os serviços de escolta, fiscalizar e adotar medidas de segurança relativas aos serviços de remoção de veículos, escolta e transporte de carga indivisível;
    - assegurar a livre circulação nas rodovias federais, podendo solicitar ao órgão rodoviário a adoção de medidas emergenciais, e zelar pelo cumprimento das normas legais relativas ao direito de vizinhança, promovendo a interdição de construções e instalações não autorizadas, no âmbito das rodovias e estradas federais, são algumas das competências da(s):
    a) Guardas Municipais;
    b) Polícias Militares;
    c) Polícia Rodoviária Federal;
    d) Polícia Federal;
    e) Polícias Rodoviárias Estaduais.

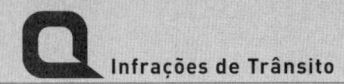

20. Coletar dados estatísticos e elaborar estudos sobre acidentes de trânsito e suas causas, adotando ou indicando medidas operacionais preventivas e encaminhando-os ao órgão rodoviário federal;
    - implementar as medidas da Política Nacional de Segurança e Educação de Trânsito;
    - promover e participar de projetos e programas de educação e segurança, de acordo com as diretrizes estabelecidas pelo CONTRAN;
    - integrar-se a outros órgãos e entidades do Sistema Nacional de Trânsito para fins de arrecadação e compensação de multas impostas na área de sua competência, com vistas à unificação do licenciamento, à simplificação e à celeridade das transferências de veículos e de prontuários de condutores de uma para outra unidade da Federação;
    - fiscalizar o nível de emissão de poluentes e ruído produzidos pelos veículos automotores ou pela sua carga, além de dar apoio, quando solicitado, às ações específicas dos órgãos ambientais, no âmbito das rodovias e estradas federais, são algumas das competências da(s):
    a) Guardas Municipais;
    b) Polícias Militares;
    c) Polícia Rodoviária Federal;
    d) Polícia Federal;
    e) Polícias Rodoviárias Estaduais.

21. Compete aos órgãos e entidades executivos rodoviários da União, dos Estados, do Distrito Federal e dos Municípios, no âmbito de sua circunscrição:
    a) cumprir e fazer cumprir a legislação e as normas de trânsito, no âmbito de suas atribuições;
    b) planejar, projetar, regulamentar e operar o trânsito de veículos, de pedestres e de animais, e promover o desenvolvimento da circulação e da segurança de ciclistas;
    c) implantar, manter e operar o sistema de sinalização, os dispositivos e os equipamentos de controle viário;
    d) coletar dados e elaborar estudos sobre os acidentes de trânsito e suas causas;
    e) as alternativas se completam.

22. Estabelecer, em conjunto com os órgãos de policiamento ostensivo de trânsito, as respectivas diretrizes para o policiamento ostensivo de trânsito;
    - executar a fiscalização de trânsito, autuar, aplicar as penalidades de advertência, por escrito, e ainda as multas e medidas administrativas cabíveis, notificando os infratores e arrecadando as multas que aplicar;

- arrecadar valores provenientes de estada e remoção de veículos e objetos, e escolta de veículos de cargas superdimensionadas ou perigosas, são competências, no âmbito de sua circunscrição, dos:
  a) órgãos consultivos de trânsito da União, dos Estados, do Distrito Federal e dos Municípios;
  b) órgãos executivos de trânsito da União, dos Estados, do Distrito Federal e dos Municípios;
  c) órgãos consultivos rodoviários da União, dos Estados, do Distrito Federal e dos Municípios;
  d) órgãos executivos rodoviários da União, dos Estados, do Distrito Federal e dos Municípios;
  e) membros do Sistema Nacional de Trânsito.

23. Fiscalizar, autuar, aplicar as penalidades e medidas administrativas cabíveis, relativas a infrações por excesso de peso, dimensões e lotação dos veículos, bem como notificar e arrecadar as multas que aplicar;
    - fiscalizar o cumprimento da norma sobre obras e eventos em vias, aplicando as penalidades e arrecadando as multas nele previstas;
    - implementar as medidas da Política Nacional de Trânsito e do Programa Nacional de Trânsito;
    - promover e participar de projetos e programas de educação e segurança, de acordo com as diretrizes estabelecidas pelo CONTRAN, são competências, no âmbito de sua circunscrição, dos:
    a) órgãos consultivos de trânsito da União, dos Estados, do Distrito Federal e dos Municípios;
    b) órgãos executivos de trânsito da União, dos Estados, do Distrito Federal e dos Municípios;
    c) órgãos consultivos rodoviários da União, dos Estados, do Distrito Federal e dos Municípios;
    d) órgãos executivos rodoviários da União, dos Estados, do Distrito Federal e dos Municípios;
    e) membros do Sistema Nacional de Trânsito.

24. Integrar-se a outros órgãos e entidades do Sistema Nacional de Trânsito para fins de arrecadação e compensação de multas impostas na área de sua competência, com vistas à unificação do licenciamento, à simplificação e à celeridade das transferências de veículos e de prontuários de condutores de uma para outra unidade da Federação;
    - fiscalizar o nível de emissão de poluentes e ruído produzidos por veículos automotores ou pela sua carga, além de dar apoio às ações específicas dos órgãos ambientais locais, quando solicitado;

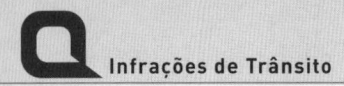

- vistoriar veículos que necessitem de autorização especial para transitar e estabelecer os requisitos técnicos a serem observados para a circulação desses veículos, são competências, no âmbito de sua circunscrição, dos:
a) órgãos consultivos de trânsito da União, dos Estados, do Distrito Federal e dos Municípios;
b) órgãos executivos de trânsito da União, dos Estados, do Distrito Federal e dos Municípios;
c) órgãos consultivos rodoviários da União, dos Estados, do Distrito Federal e dos Municípios;
d) órgãos executivos rodoviários da União, dos Estados, do Distrito Federal e dos Municípios;
e) membros do Sistema Nacional de Trânsito.

25. Cumprir e fazer cumprir a legislação e as normas de trânsito, no âmbito dos Estados e do Distrito Federal;
    - realizar, fiscalizar e controlar o processo de formação, aperfeiçoamento, reciclagem e suspensão de condutores, expedir e cassar Licença de Aprendizagem, Permissão para Dirigir e Carteira Nacional de Habilitação, mediante delegação do órgão federal competente;
    - vistoriar, inspecionar quanto às condições de segurança veicular, registrar, emplacar, selar a placa, e licenciar veículos, expedindo o Certificado de Registro e o Licenciamento Anual, mediante delegação do órgão federal competente, no âmbito de sua circunscrição, são competências dos órgãos ou entidades:
a) executivos de trânsito dos Estados e do Distrito Federal;
b) consultivos de trânsito dos Estados e do Distrito Federal;
c) executivos de trânsito dos Municípios;
d) consultivos de trânsito dos Municípios;
e) consultivos de trânsito da União.

26. Estabelecer, em conjunto com as Polícias Militares, as diretrizes para o policiamento ostensivo de trânsito;
    - executar a fiscalização de trânsito, autuar e aplicar as medidas administrativas cabíveis pelas infrações prevista no Código, excetuadas aquelas relacionadas no Código de competência dos Municípios, no exercício regular do Poder de Polícia de Trânsito, compete no âmbito de sua circunscrição, aos órgãos ou entidades:
a) executivos de trânsito dos Estados e do Distrito Federal;
b) executivos rodoviários dos Estados e do Distrito Federal;
c) consultivos rodoviários dos Estados e do Distrito Federal;

d) consultivos de trânsito dos Municípios;
e) executivos de trânsito dos Municípios.

27. **Aplicar as penalidades por infrações previstas no Código, com exceção daquelas de competência exclusiva dos Municípios, notificando os infratores e arrecadando as multas que aplicar;**
    - arrecadar valores provenientes de estada e remoção de veículos e objetos;
    - comunicar ao órgão executivo de trânsito da União a suspensão e a cassação do direito de dirigir e o recolhimento da Carteira Nacional de Habilitação;
    - coletar dados estatísticos e elaborar estudos sobre acidentes de trânsito e suas causas;
    - credenciar órgãos ou entidades para a execução de atividades previstas na legislação de trânsito, na forma estabelecida em norma do CONTRAN, no âmbito de sua circunscrição, é competência dos órgãos ou entidades:
    a) executivos de trânsito dos Estados e do Distrito Federal;
    b) consultivos de trânsito dos Estados e do Distrito Federal;
    c) executivos de trânsito dos Município;
    d) consultivos de trânsito dos Municípios;
    e) consultivos rodoviárias dos Municípios.

28. **Executar a fiscalização de trânsito, quando e conforme convênio firmado, como agente do órgão ou entidade executivos de trânsito ou executivos rodoviários, concomitantemente com os demais agentes credenciados, é competência:**
    a) da Polícia Civil;
    b) da Polícia Federal;
    c) da Polícia Rodoviária Federal;
    d) das Polícias Militares dos Estados e do Distrito Federal;
    e) dos agentes de trânsito dos Municípios.

29. **Cumprir e fazer cumprir a legislação e as normas de trânsito, no âmbito de suas atribuições;**
    - planejar, projetar, regulamentar e operar o trânsito de veículos, de pedestres e de animais, e promover o desenvolvimento da circulação e da segurança de ciclistas;
    - implantar, manter e operar o sistema de sinalização, os dispositivos e os equipamentos de controle viário;
    - coletar dados estatísticos e elaborar estudos sobre os acidentes de trânsito e suas causas, são algumas das atribuições dos:

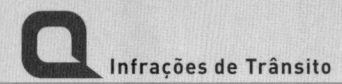

a) órgãos e entidades executivos de trânsito dos Estados;
b) órgãos e entidades executivos de trânsito dos Municípios;
c) órgãos e entidades consultivas de trânsito dos Estados;
d) órgãos e entidades consultivas de trânsito dos Municípios;
e) órgãos e entidades consultivos e executivos de trânsito dos Municípios.

30. Estabelecer, em conjunto com os órgãos de polícia ostensiva de trânsito, as diretrizes para o policiamento ostensivo de trânsito;
    - executar a fiscalização de trânsito, autuar e aplicar as medidas administrativas cabíveis, por infrações de circulação, estacionamento e parada previstas neste Código, no exercício regular do Poder de Polícia de Trânsito;
    - aplicar as penalidades de advertência por escrito e multa, por infrações de circulação, estacionamento e parada previstas neste Código, notificando os infratores e arrecadando as multas que aplicar, são algumas das atribuições dos:
    a) órgãos e entidades executivos de trânsito dos Estados;
    b) órgãos e entidades executivos de trânsito dos Municípios;
    c) órgãos e entidades consultivas de trânsito dos Estados;
    d) órgãos e entidades consultivas de trânsito dos Municípios;
    e) órgãos e entidades consultivos e executivos de trânsito dos Municípios.

31. Implantar, manter e operar sistema de estacionamento rotativo pago nas vias;
    - registrar e licenciar, na forma da legislação, ciclomotores, veículos e propulsão humana e de tração animal, fiscalizando, autuando, aplicando penalidades e arrecadando multas decorrentes de infrações;
    - conceder autorização para conduzir veículos de propulsão humana e de tração animal;
    - veículos que necessitem de autorização especial para transitar e estabelecer os requisitos técnicos a serem observados para a circulação desses veículos, são atribuições dos:
    a) órgãos e entidades executivos de trânsito dos Estados;
    b) órgãos e entidades executivos de trânsito dos Municípios;
    c) órgãos e entidades consultivas de trânsito dos Estados;
    d) órgãos e entidades consultivas de trânsito dos Municípios;
    e) órgãos e entidades consultivos e executivos de trânsito dos Municípios.

32. São normas de trânsito de veículos nas vias terrestres abertas à circulação:
    a) a circulação far-se-á pelo lado direito da via, admitindo-se as exceções devidamente sinalizadas;
    b) o condutor deverá guardar distância de segurança lateral e frontal entre o seu e os demais veículos;

c) o condutor deverá guardar distância com relação ao bordo da pista;
d) o condutor poderá transitar indistintamente por qualquer faixa da pista;
e) **a**, **b** e **c** estão corretas.

33. **Quando veículos, transitando por fluxos que se cruzem, se aproximarem de local não sinalizado, terá preferência de passagem, no caso de apenas um fluxo ser proveniente de rodovia:**
    a) aquele que estiver circulando por ela;
    b) o veículo pesado;
    c) o veículo coletivo;
    d) aquele que vier pela esquerda;
    e) aquele que vier pela direita.

34. **Quando veículos, transitando por fluxos que se cruzem, se aproximarem de local não sinalizado, terá preferência de passagem, no caso de rotatória:**
    a) aquele que estiver circulando por ela;
    b) o veículo pesado;
    c) o veículo coletivo;
    d) aquele que vier pela esquerda;
    e) aquele que vier pela direita.

35. **Quando veículos, transitando por fluxos que se cruzem, se aproximarem de local não sinalizado, terá preferência de passagem, salvo no caso de rotatória e de fluxo de rodovia:**
    a) o veículo pesado;
    b) aquele que vier pela esquerda do condutor;
    c) aquele que vier pela direita do condutor;
    d) o veículo coletivo;
    e) **a** e **d** estão corretas.

36. **Quando uma pista de rolamento comportar várias faixas de circulação no mesmo sentido, são as da _____ destinadas ao deslocamento dos veículos mais _____ e de maior porte, quando não houver faixa especial a eles destinada, e as da _____, destinadas à ultrapassagem e ao deslocamento dos veículos de maior velocidade.**
    a) direita, lentos, esquerda;
    b) esquerda, lentos, direita;
    c) direita, rápidos, esquerda;
    d) esquerda, rápidos, direita;
    e) esquerda, lentos, meio.

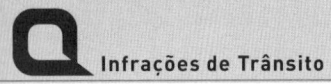

37. Gozam de livre circulação, estacionamento e parada, quando em serviço de urgência e devidamente identificados por dispositivos regulamentares de alarme sonoro e iluminação vermelha intermitente, os veículos de:
    a) socorro de incêndio e salvamento;
    b) polícia;
    c) fiscalização e operação de trânsito;
    d) ambulâncias;
    e) as alternativas se completam.

38. A ultrapassagem de outro veículo em movimento deverá ser feita pela _____, obedecida a sinalização regulamentar e as demais normas estabelecidas no Código, exceto quando o veículo a ser ultrapassado estiver sinalizando o propósito de entrar à _____.
    a) direita, direita;
    b) direita, esquerda;
    c) esquerda, direita;
    d) esquerda, esquerda;
    e) preferencial, esquerda.

39. Todo condutor ao efetuar a ultrapassagem deverá:
    a) indicar com antecedência a manobra pretendida, acionando a luz indicadora de direção do veículo ou por meio de gesto convencional de braço;
    b) afastar-se do usuário ou usuários aos quais ultrapassa, de tal forma que deixe livre uma distância lateral de segurança;
    c) retomar, pós a efetivação da manobra, a faixa de trânsito de origem, acionando a luz indicadora de direção do veículo ou fazendo gesto convencional de braço;
    d) a e b estão corretas;
    e) a, b e c estão corretas.

40. Antes de entrar à direita ou à esquerda, em outra via ou em lotes lindeiros, o condutor deverá:
    a) ao sair da via pelo lado direito, aproximar-se o máximo possível do bordo direito da pista e executar sua manobra no menor espaço possível;
    b) ao sair da via pelo lado esquerdo, aproximar-se o máximo possível de seu eixo ou da linha divisória da pista, quando houver, caso se trate de uma pista com circulação nos dois sentidos, ou do bordo esquerdo, tratando-se de uma pista de um só sentido;
    c) ao sair da via pelo lado esquerdo, aproximar-se o máximo possível do bordo direito da pista para executar sua manobra no menor espaço possível;
    d) a e b estão corretas;
    e) b e c estão corretas.

41. O uso de luzes em veículo obedecerá às seguintes determinações:
    a) o condutor manterá acesos os faróis do veículo, utilizando luz baixa, durante a noite e durante o dia nos túneis providos de iluminação pública;
    b) nas vias não iluminadas o condutor deve usar luz alta, exceto ao cruzar com outro veículo ou ao segui-lo;
    c) a troca de luz baixa e alta, de forma intermitente e por curto período de tempo, com o objetivo de advertir outros motoristas, só poderá ser utilizada para indicar a intenção de ultrapassar o veículo que segue à frente ou para indicar a existência de risco à segurança para os veículos que circulam no sentido contrário;
    d) o condutor manterá acesas pelo menos as luzes de posição do veículo quando sob chuva forte, neblina ou cerração;
    e) as alternativas se completam.

42. Em imobilizações ou situações de emergência, o condutor deverá sinalizar o veículo com:
    a) o pisca-alerta;
    b) os faróis;
    c) as lanternas;
    d) a e b estão corretas;
    e) a e c estão corretas.

43. A utilização de farol de luz baixa durante o dia e a noite é regra para:
    a) os veículos de transporte coletivo regular de passageiros, quando circularem em faixas próprias a eles destinadas;
    b) os ciclos motorizados;
    c) os veículos de carga;
    d) a e b estão corretas;
    e) a e c estão corretas.

44. O condutor de veículo só poderá fazer uso de buzina, desde que em toque breve, nas seguintes situações:
    a) para fazer as advertências necessárias a fim de evitar acidentes;
    b) fora das áreas urbanas, quando for conveniente advertir a um condutor que se tem o propósito de ultrapassá-lo;
    c) para fazer qualquer tipo de advertência;
    d) a e b estão corretas;
    e) b e c estão corretas.

45. Nas vias internas pertencentes a condomínios constituídos por unidades autônomas, a sinalização de regulamentação da via será implantada e mantida, após aprovação dos projetos pelo órgão ou entidade com circunscrição sobre a via, pelo:

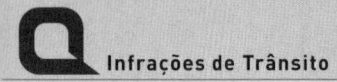

a) órgão executivo de trânsito do Município;
b) órgão executivo de trânsito do Estado;
c) condomínio;
d) órgão consultivo de trânsito do Município;
e) órgão consultivo de trânsito do Estado.

46. **Os condutores de motocicletas, motonetas e ciclomotores só poderão circular nas vias:**
    a) utilizando capacete de segurança, com viseira ou óculos protetores;
    b) segurando o guidom com as duas mãos;
    c) utilizando vestuário de proteção, de acordo com as especificações do CONTRAN;
    d) a e b estão corretas;
    e) a, b e c estão corretas.

47. **Quando uma via comportar duas ou mais faixas de transito e a da direita for destinada ao uso exclusivo de outro tipo de veículo, os ciclomotores deverão circular:**
    a) pela faixa adjacente a da direita;
    b) pela faixa da esquerda;
    c) em qualquer faixa;
    d) pelo acostamento;
    e) a e d estão corretas.

48. **As vias abertas à circulação, de acordo com sua utilização, classificam-se em:**
    a) vias urbanas – via de trânsito rápido, via arterial, via coletora, via local;
    b) vias rurais – rodovias, estradas;
    c) vias urbanas – rodovias, estradas;
    d) a e b estão corretas;
    e) b e c estão corretas.

49. **Onde não existir sinalização regulamentadora, a velocidade máxima permitida para o trânsito, nas vias urbanas, será de:**
    a) oitenta quilômetros por hora, nas vias de trânsito rápido;
    b) sessenta quilômetros por hora, nas vias arteriais;
    c) quarenta quilômetros por hora; nas vias coletoras;
    d) trinta quilômetros por hora, nas vias locais;
    e) todas estão corretas.

50. **Onde não existir sinalização regulamentadora, a velocidade máxima permitida para o trânsito, nas vias rurais, será de:**
    a) cento e dez quilômetros por hora para automóveis, camionetas e motocicletas – nas rodovias;
    b) noventa quilômetros por hora, para ônibus e microônibus – nas rodovias;
    c) oitenta quilômetros por hora, para os demais veículos – nas rodovias;
    d) sessenta quilômetros por hora para todos os veículos – nas estradas;
    e) todas estão corretas.

51. **Respeitadas as condições operacionais de trânsito e da via, em relação à velocidade máxima, a velocidade mínima não poderá ser inferior a:**
    a) 20%;
    b) 30%;
    c) 40%;
    d) 50%;
    e) 60%.

52. **Respeitada a capacidade de lotação, veículos com capacidade para quatro passageiros mais o motorista, poderão, no caso dos quatro passageiros serem crianças menores de 10 anos, transportar no banco do carona, a criança de:**
    a) maior idade;
    b) maior estatura;
    c) menor estatura;
    d) menor idade;
    e) é indiferente.

53. **O uso do cinto de segurança é obrigatório, salvo em situações e veículos regulamentados pelo CONTRAN:**
    a) em todas vias urbanas;
    b) em todas rodovias;
    c) em todas as vias;
    d) em todas vias rurais;
    e) em todas estradas.

54. **As provas ou competições desportivas, inclusive seus ensaios, em via aberta à circulação, só poderão ser realizadas mediante prévia permissão da autoridade de trânsito com circunscrição sobre a via e dependerão de:**
    a) autorização expressa da respectiva confederação desportiva ou de entidades estaduais a ela filiados;
    b) caução ou fiança para cobrir possíveis danos materiais à via;
    c) contrato de seguro contra riscos e acidentes em favor de terceiros;
    d) prévio recolhimento do valor correspondente aos custos operacionais em que o órgão ou entidade permissionária incorrerá;
    e) as alternativas se completam.

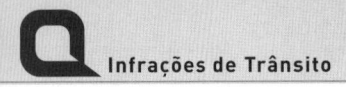

55. Nas áreas urbanas, quando não houver passeios ou quando não for possível a utilização destes, a circulação de pedestres na pista de rolamento será feita com prioridade sobre os veículos, pelos _____ da pista, em fila _____, exceto em locais proibidos pela sinalização e nas situações em que a segurança ficar comprometida.
    a) canteiros, dupla;
    b) canteiros, única;
    c) bordos, dupla;
    d) bordos, única;
    e) acostamentos, dupla.

56. Nas vias rurais, quando não houver acostamento ou quando não for possível a utilização dele, a circulação de pedestres, na pista de rolamento, será feita com prioridade sobre os veículos, pelos _____ da pista, em fila _____, em sentido _____ ao deslocamento de veículos, exceto em locais proibidos pela sinalização e nas situações em que a segurança ficar comprometida.
    a) bordos, única, contrário;
    b) bordos, única, igual;
    c) bordos, dupla, contrário;
    d) bordos, dupla, igual;
    e) é indiferente.

57. Para cruzar a pista de rolamento, o pedestre tomará precauções de segurança, como:
    a) onde não houver faixa ou passagem, o cruzamento da via deverá ser feito em sentido perpendicular ao de seu eixo;
    b) nas faixas de pedestres com foco de pedestres, obedecer a indicação das luzes;
    c) nas faixas de pedestres sem foco de pedestres, aguardar que o semáforo ou o agente de trânsito interrompa o fluxo de veículos;
    d) nas interseções e em suas proximidades, onde não existam faixas de travessia, os pedestres devem atravessar a via na continuação da calçada;
    e) as alternativas se completam.

58. Solicitar, por escrito, aos órgãos ou entidades do Sistema Nacional de Trânsito, sinalização, fiscalização e implantação de equipamentos de segurança, bem como sugerir alterações em normas, legislação e outros assuntos pertinentes ao Código de Trânsito, é direito de:
    a) todo cidadão;
    b) toda entidade civil;
    c) condutores de veículos exclusivamente;
    d) a e b estão corretas;
    e) b e c estão corretas.

59. A educação para o trânsito, será promovida:
    a) na educação infantil;
    b) na escola de ensino fundamental;
    c) na escola de ensino médio;
    d) nas escolas de educação superior;
    e) as alternativas se completam.

60. Os sinais de trânsito classificam-se em:
    a) verticais;
    b) horizontais;
    c) dispositivos de sinalização auxiliar e gestos do agente ou condutor;
    d) luminosos e sonoros;
    e) as alternativas se completam.

61. A sinalização terá a seguinte ordem de prevalência:
    a) as ordens do agente de trânsito sobre as normas de circulação e outros sinais;
    b) as indicações do semáforo sobre os demais sinais;
    c) as indicações dos sinais sobre as demais normas de trânsito;
    d) as indicações do semáforo sobre as ordens do agente de trânsito;
    e) a, b e c estão corretas.

62. A inobservância à sinalização quando esta for insuficiente ou incorreta, implica em:
    a) não aplicação das sanções previstas no Código;
    b) aplicação das sanções previstas no Código;
    c) liberdade de trânsito;
    d) a e c estão corretas;
    e) julgamento pelo agente de trânsito.

63. A obrigação de sinalizar execução ou manutenção de obra ou de evento, é do:
    a) responsável pela obra ou evento;
    b) órgão ou entidade executivo de trânsito do Estado;
    c) órgão ou entidade executivo de trânsito do Município;
    d) órgão ou entidade consultivo de trânsito do Estado;
    e) órgão ou entidade consultivo de trânsito do Município.

64. Quanto à tração, os veículos classificam-se em:
    a) automotor;
    b) elétrico;
    c) de propulsão humana e de tração animal;
    d) reboque ou semi-reboque;
    e) as alternativas se completam.

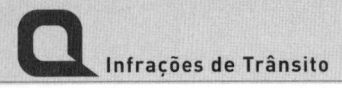

65. **Quanto à espécie, os veículos classificam-se em:**
    a) de passageiros;
    b) de carga e misto;
    c) de competição e de tração;
    d) especial e de coleção;
    e) as alternativas se completam.

66. **Quanto à categoria, os veículos classificam-se em:**
    a) oficial;
    b) de representação diplomática, de repartições consulares de carreira ou organismos internacionais acreditados junto ao governo brasileiro;
    c) particular e de aluguel;
    d) de aprendizagem;
    e) as alternativas se completam.

67. **Executar a fiscalização de trânsito, autuar e aplicar as medidas administrativas cabíveis por infrações de circulação, estacionamento e parada previstas no Código de Trânsito, notificando os infratores e arrecadando as multas que aplicar, compete ao:**
    a) Estado;
    b) Município;
    c) DENATRAN;
    d) CONTRAN;
    e) as alternativas se completam.

68. **A autorização dada por autoridade com circunscrição, a título precário, para o transporte de passageiros em veículo de carga ou misto, não poderá exceder a:**
    a) 6 meses;
    b) 3 meses;
    c) 1 mês;
    d) 12 meses;
    e) 24 meses.

69. **A validade da Carteira Nacional de Habilitação está condicionada ao prazo de vigência:**
    a) do exame de vista;
    b) do exame de aptidão física e mental;
    c) do exame de aptidão física;
    d) do exame de aptidão mental;
    e) do exame de direção veicular.

70. **A autorização para aprendizagem será conferida ao aprendiz após aprovação nos exames de:**
    a) aptidão física e mental;
    b) de primeiros socorros;

c) legislação de trânsito;
d) aptidão física e mental e legislação de trânsito;
e) aptidão física e mental, legislação de trânsito e primeiros socorros.

As questões de 71 a 82 deverão ser respondidas relacionando as infrações com os valores das multas.

71. Promover ou participar de competições não autorizadas em via pública, sem autorização da autoridade competente. MULTA DE: _____

72. Dirigir sob influência de álcool ou qualquer substância entorpecente. MULTA DE: _____

73. Deixar de prestar socorro a vítima de acidente em que esteja envolvido. MULTA DE: _____

74. Dirigir com habilitação cassada ou suspensa. MULTA DE: _____

75. Transitar na contramão em vias de sentido único de direção. MULTA DE: _____

76. Avançar sinal vermelho. MULTA DE: _____

77. Conduzir veículo com dispositivo anti-radar. MULTA DE: _____

78. Transportar criança com menos de 10 anos no banco da frente, salvo em casos de exceção regulamentados. MULTA DE: _____

79. Dirigir ameaçando pedestres ou outros veículos. MULTA DE: _____

80. Dirigir com CNH vencida a mais de trinta dias. MULTA DE: _____

81. Transpor bloqueio policial sem autorização. MULTA DE: _____

82. Conduzir veículo com adulteração de identificação. MULTA DE: _____

83. O prazo estabelecido para que candidato reprovado no exame escrito ou no teste de direção possa candidatar-se a nova avaliação é de:
    a) 30 dias;
    b) 60 dias;
    c) 90 dias;
    d) 15 dias;
    e) 45 dias.

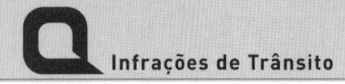

84. As placas com as cores verde e amarela da Bandeira Nacional serão usadas por veículos de representação pessoal do(s):
    a) Presidente e do Vice-Presidente da República;
    b) Presidentes do Sendo Federal e da Câmara dos Deputados;
    c) Presidente e dos Ministros do Supremo Tribunal Federal;
    d) Ministro de Estado, do Advogado-Geral da União, do Procurador Geral da República;
    e) as alternativas se completam.

85. A obtenção de novo Certificado de Registro do Veículo – CRV será necessária quando da:
    a) transferência de propriedade;
    b) mudança de categoria;
    c) mudança de município;
    d) alteração nas características originais do veículo;
    e) as alternativas se completam.

86. O Certificado de Registro e Licenciamento Veicular – CRLV, expedido simultaneamente ao Registro e sem o qual nenhum veículo poderá transitar, deve ser renovado a cada:
    a) 30 dias;
    b) 90 dias;
    c) 6 meses;
    d) ano;
    e) 2 anos.

87. A aprovação do veículo nas vistorias de segurança e de controle de ruídos e gases poluentes são algumas das condições para o(a):
    a) registro do veículo;
    b) licenciamento do veículo;
    c) pagamento de multas;
    d) transferência de propriedade;
    e) mudança de categoria.

88. Condutores com mais de 65 anos de idade deverão renovar seus exames de aptidão física e mental no máximo a cada:
    a) 1 ano;
    b) 5 anos;
    c) 3 anos;
    d) 2 anos;
    e) não poderão renovar.

89. Os exames de aptidão física e mental serão preliminares e renováveis, para os condutores menores de 65 anos, no máximo, a cada:
    a) 5 anos;
    b) 3 anos;
    c) 1 ano;
    d) 2 anos;
    e) 6 meses.

90. Considere o seguinte gesto do agente de autoridade de trânsito: braço levantado, com movimento de antebraço da frente para a retaguarda e a palma da mão voltada para trás. O gesto indica:
    a) ordem de seguir;
    b) ordem de diminuição de velocidade;
    c) ordem de parada obrigatória para todos os veículos;
    d) uma advertência;
    e) ordem para aumentar a velocidade.

91. A penalidade da suspensão ou de proibição de se obter a permissão ou a habilitação para dirigir veículo automotor, tem a duração de:
    a) dois meses a cinco anos;
    b) um ano a três anos;
    c) seis meses a dois anos;
    d) um ano a cinco anos;
    e) três meses a um ano.

92. É (são) condição(ões) que agravam penalidades dos crimes de trânsito:
    a) utilização de veículo sem placas;
    b) posse de carteira de habilitação de categoria diferente da do veículo;
    c) não possuir permissão para dirigir ou carteira de habilitação;
    d) promover grande risco de grave dano patrimonial a terceiros;
    e) as alternativas se completam.

93. A pena de detenção por homicídio culposo na direção de veículo automotor é aumentada caso o agente:
    a) não possua permissão para dirigir ou carteira de habilitação;
    b) o pratique em faixa de pedestres ou na calçada;
    c) deixe de prestar socorro, quando possível, à vítima;
    d) quando no exercício de sua profissão ou atividade, estiver conduzindo veículo de passageiros;
    e) as alternativas se completam.

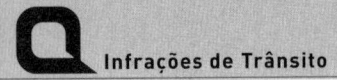

94. Ficará livre do flagrante e do pagamento de fiança, o condutor de veículo que nos casos de acidente de trânsito com vítima:
    a) seja habilitado;
    b) seja maior de 65 anos;
    c) preste socorro à vítima;
    d) apresente-se à autoridade;
    e) seja menor de 21 anos.

95. Para que um auto de infração seja arquivado e seu registro julgado insubsistente é necessário que:
    a) seja considerado inconsistente ou irregular;
    b) a expedição da notificação de autuação não obedeça o prazo máximo de 60 dias;
    c) a expedição da notificação de autuação não obedeça o prazo máximo de 70 dias;
    d) as alternativas **a** e **b** se completam;
    e) as alternativas **a** e **c** se completam.

96. A gestão do Fundo Nacional de Segurança e Educação de Trânsito – FUNSET cabe ao:
    a) CONTRAN;
    b) Ministério da Justiça;
    c) DENATRAN;
    d) JARI;
    e) Ministério das Cidades.

97. Toda fiscalização de velocidade com medidor dos tipos móvel, portátil ou fixo, deverá ser:
    a) divulgada pelos meios de comunicação;
    b) fixa e permanente;
    c) operada por técnicos habilitados;
    d) instalada apenas nas rodovias;
    e) instaladas em vias com sinalização de velocidade máxima permitida.

98. Infração relativa ao excesso de peso bruto total, se o peso declarado na nota fiscal, fatura ou manifesto for superior ao limite legal, é de responsabilidade do:
    a) proprietário do veículo;
    b) condutor do veículo;
    c) proprietário e do condutor;
    d) embarcador e do transportador;
    e) transportador.

99. A baixa do registro de veículos é obrigatória sempre que o veículo for retirado de circulação na(s) seguinte(s) possibilidade(s):
    a) veículo irrecuperável;
    b) veículo definitivamente desmontado;
    c) sinistrados com laudo de perda total;
    d) vendido ou leiloado como sucata;
    e) as alternativas se completam.

100. A obrigatoriedade dos veículos automotores portarem extintor de incêndio com carga de pó ABC, será exigida a partir de:
    a) 2015;
    b) 2016;
    c) 2014;
    d) 2013;
    e) 2011.

101. Portar conjunto de equipamentos para situação de emergência é obrigatório para os veículos:
    a) de qualquer categoria;
    b) de transporte escolar;
    c) de transporte de produtos perigosos;
    d) de carga em geral;
    e) b e c estão corretas.

102. O registrador de velocidade e tempo é equipamento obrigatório para os veículos:
    a) em geral;
    b) de transporte e de condução de escolares;
    c) de transporte de passageiros com mais de dez lugares;
    d) de carga com peso bruto total superior a 19 t;
    e) b, c e d estão corretas.

103. Luz branca ou amarela dianteira e luz vermelha traseira ou catadióptricos das mesmas cores serão equipamentos obrigatórios para:
    a) ciclomotores;
    b) veículos de qualquer categoria;
    c) bicicletas com aro superior a 20, com exceções;
    d) veículos de tração animal;
    e) c e d estão corretas.

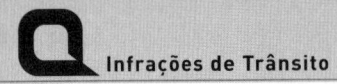

104. Os pára-choques, dianteiro e traseiro, não serão exigidos nos:
   a) quadriciclos;
   b) ciclomotores, motonetas, motocicletas, triciclos;
   c) tratores de rodas e mistos;
   d) tratores de esteiras;
   e) todas estão corretas.

105. Quanto ao selo de controle de licenciamento anual, podemos afirmar:
   a) é obrigatório a todos veículos motorizados;
   b) é obrigatório para veículos até 4 passageiros;
   c) a e b estão corretas;
   d) não é utilizado no licenciamento;
   e) é obrigatório para veículos fabricados a partir de 1995.

106. É permitido o transporte de carga e pessoas em veículos novos, antes do registro e licenciamento, para o município de destino, desde que:
   a) portem selo de Controle de Licenciamento Anual;
   b) habilitação específica;
   c) a e b estão corretas;
   d) portem autorização especial;
   e) a e d estão corretas.

107. A validade da "autorização especial" de trânsito para veículos novos não registrados e licenciados é de:
   a) 15 dias prorrogável por mais 15 dias;
   b) 30 dias;
   c) 7 dias;
   d) 60 dias;
   e) 90 dias.

108. Inspeção semestral para verificação dos equipamentos obrigatórios e de segurança é exigido:
   a) para todos veículos automotores;
   b) para veículos de transporte escolar;
   c) para veículos de transporte de carga;
   d) para todos os veículos de transporte coletivo de passageiros;
   e) b e c estão corretas.

109. **As vistorias dos veículos realizadas por ocasião da transferência de propriedade têm como objetivo verificar:**
    a) a autenticidade da identificação do veículo e da sua documentação;
    b) a legitimidade da propriedade;
    c) se os veículos dispõem dos equipamentos obrigatórios;
    d) se as características originais dos veículos e seus agregados não forem modificados;
    e) as alternativas se completam.

110. **Opinar sobre assuntos relacionados ao trânsito interestadual e internacional é competência do:**
    a) DENATRAN;
    b) CONTRAN;
    c) DETRAN;
    d) CETRAN;
    e) Ministério da Justiça.

111. **Comprovante de procedência e justificativa da propriedade dos componentes agregados, adaptados ou montados no veículo, quando houver alteração das características originais de fábrica, são documentos exigidos para a obtenção:**
    a) de Certificado de Registro e Licenciamento de Veículo;
    b) de novo Certificado de Registro de Veículos;
    c) da Carteira de Habilitação;
    d) da Permissão para Dirigir;
    e) **a** e **b** estão corretas.

112. **A sinalização horizontal se apresenta nas seguintes cores:**
    a) amarela e branca;
    b) amarela, azul e branca;
    c) amarela, branca e preta;
    d) branca e azul;
    e) amarela, branca, azul, vermelha e preta.

113. **Pagamento, mediante depósito judicial em favor da vítima ou seus sucessores, de quantia calculada com base no disposto no § 1º do art. 49 do Código Penal, sempre que houver prejuízo material resultante do crime. Este é o conceito de:**
    a) multa;
    b) multa reparatória;
    c) prêmio de seguro;
    d) seguro obrigatório;
    e) seguro contra terceiros.

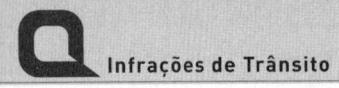

114. São condições para expedição de novo Certificado de Registro de Veículos (CRV):
    a) quitação de débitos anteriores;
    b) quitação de multas de trânsito;
    c) quitação de multas ambientais;
    d) a e b estão corretas;
    e) a, b e c, se completam.

115. Dirigente máximo de órgão ou entidade executivo integrante do Sistema Nacional de Trânsito ou pessoa por ele expressamente credenciada. Este é o conceito de:
    a) agente da autoridade de trânsito;
    b) autoridade de trânsito;
    c) diretor do Sistema Nacional de Trânsito;
    d) agente de trânsito;
    e) agente do CONTRAN.

116. Pessoa, civil ou policial militar, credenciada pela autoridade de trânsito para o exercício das atividades de fiscalização, operação, policiamento ostensivo de trânsito ou patrulhamento. Este é o conceito de:
    a) agente de autoridade de trânsito;
    b) autoridade de trânsito;
    c) diretor do Sistema Nacional de Trânsito;
    d) agente de trânsito;
    e) agente do CONTRAN.

117. Veículo flagrado com o prazo de licenciamento vencido, resultará em:
    a) recolhimento do Documento de Habilitação;
    b) recolhimento do Certificado de Registro e Licenciamento de Veículos;
    c) apreensão do veículo;
    d) a e b estão corretas;
    e) a, b e c estão corretas.

118. Para que veículo com excesso de carga possa prosseguir viagem é condição às expensas do proprietário do veículo:
    a) o transbordo da carga em excesso;
    b) a apreensão da carga em excesso;
    c) a apreensão de toda a carga;
    d) a apreensão das notas fiscais;
    e) c e d estão corretas.

119. Deixar o responsável de promover a baixa do registro do veículo irrecuperável ou definitivamente desmontado resultará nas medidas administrativas:
    a) recolhimento do Certificado de Registro;
    b) recolhimento do Documento de Habilitação;
    c) recolhimento do veículo;
    d) recolhimento do Certificado de Registro e Licenciamento de Veículo;
    e) as alternativas se completam, **a** e **d** estão corretas.

120. Fiscalizar, nas vias urbanas, o trânsito de veículos quanto à velocidade é, salvo convênios, competência do(a):
    a) Município;
    b) Estado;
    c) Polícia Rodoviária Estadual;
    d) Polícia Rodoviária Federal;
    e) policiamento ostensivo.

121. A fiscalização e licenciamento de veículos é competência do:
    a) Estado;
    b) Município;
    c) Distrito Federal;
    d) a e b estão corretas;
    e) a e c estão corretas.

122. Proceder à habilitação de condutores de veículos é competência do:
    a) Estado;
    b) Município;
    c) Distrito Federal;
    d) a e b estão corretas;
    e) a e c estão corretas.

123. Autuar, nas vias urbanas, por infrações de estacionamento e parada, é competência, salvo convênio:
    a) Estado;
    b) Município;
    c) Distrito Federal;
    d) a e b estão corretas;
    e) b e c estão corretas.

124. A ação da Polícia Militar, no trânsito urbano, dependerá de convênio assinado com o(s):
    a) órgãos executivos rodoviários;
    b) CETRAN;
    c) DENATRAN;
    d) órgãos executivos de trânsito;
    e) CONTRAN.

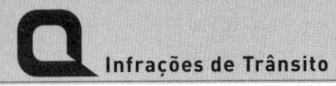

125. São procedimentos obrigatórios quando do recolhimento da Carteira Nacional de Habilitação:
    a) emissão de recibo;
    b) decisão fundamentada pela autoridade de trânsito;
    c) a apreensão do veículo;
    d) a e b estão corretas;
    e) b e c estão corretas.

126. Considere as afirmativas:
    I. O condutor manterá acesos os faróis do veículo, utilizando luz baixa, durante a noite e durante o dia nos túneis providos de iluminação pública.
    II. Nas vias não iluminadas o condutor deve usar luz alta, exceto ao cruzar com outro veículo ou ao segui-lo.
    III. Os veículos de transporte coletivo regular de passageiros, quando circularem em faixas próprias a eles destinadas, e os ciclos motorizados deverão utilizar-se de farol de luz alta durante o dia e a noite.
    Estão corretas as afirmativas:
    a) Apenas I;
    b) Apenas I e II;
    c) Apenas I e III;
    d) Todas são corretas;
    e) Todas são incorretas.

127. Determinado condutor trafegava nas proximidades de uma escola com velocidade incompatível com a segurança requerida no horário em que os alunos saem da escola. Havia naquele momento grande movimentação de pessoas no local, o que gerou perigo de dano a essas pessoas. Diante dessa situação podemos afirmar que:
    a) O condutor cometeu crime previsto no CTB;
    b) O condutor deverá ser punido com detenção de 6 meses a 1 ano e multa;
    c) A velocidade incompatível deverá ser medida por instrumento metrológico;
    d) As alternativas a e b estão corretas;
    e) As alternativas a e c estão corretas.

128. A colocação do espelho retrovisor do lado esquerdo da bicicleta justifica-se por:
    a) permitir melhor visão ao condutor;
    b) trânsito da bicicleta ser obrigatoriamente à esquerda;
    c) trânsito da bicicleta ser obrigatoriamente pela direita;
    d) ser dispensável o uso de dois espelhos retrovisores;
    e) a e b estão corretas.

129. São circunstâncias que sempre agravam as penas dos crimes de trânsito, ter o condutor do veículo cometido o crime:
   a) sem possuir permissão para dirigir ou carteira de habilitação;
   b) utilizando o veículo sem placas, com placas falsas ou adulteradas;
   c) com dano potencial para duas ou mais pessoas;
   d) sobre faixa de pedestres;
   e) as alternativas se completam.

130. As placas de orientação de destino, dividem-se em:
   a) placas indicadoras de sentido (direção);
   b) placas indicativas de distância;
   c) placas diagramadas;
   d) apenas a e b estão corretas;
   e) a, b e c estão corretas.

131. São sanções aplicáveis, segundo o Código, por inobservância à sinalização quando esta for insuficiente ou incorreta:
   a) apreensão da carteira de habilitação;
   b) retenção do veículo;
   c) não serão aplicadas sanções;
   d) cassação da permissão para dirigir;
   e) a, b e d se completam.

132. O sistema de pontuação onde o motorista acumula pontos relativos a infrações cometidas desconsidera pontos, por infrações cometidas, após:
   a) 12 meses;
   b) 6 meses;
   c) 5 anos;
   d) 24 meses;
   e) com o vencimento da habilitação.

133. Quando o motorista não é identificado, a quem compete a responsabilidade por uma possível infração?
   a) Ao proprietário se este não apontar o responsável.
   b) Ao proprietário.
   c) Ao condutor.
   d) Sem identificação não cabe aplicar a infração.
   e) Ao proprietário e ao condutor.

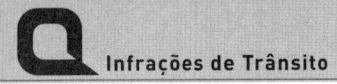

134. É pena imposta ao motorista que prestar falsas informações em inquérito de acidente de trânsito com vítima:
   a)   detenção de 6 meses a 1 ano ou multa;
   b)   detenção de 6 meses a 2 anos ou multa;
   c)   reclusão de 6 meses a 1 ano ou multa;
   d)   detenção de 1 a 6 meses ou multa;
   e)   reclusão de 1 a 6 meses ou multa.

135. É pena imposta ao motorista que confiar a direção do veículo a pessoa não habilitada:
   a)   detenção de 6 meses a 1 ano ou multa;
   b)   detenção de 6 meses a 2 anos ou multa;
   c)   reclusão de 6 meses a 1 ano ou multa;
   d)   detenção de 1 a 6 meses ou multa;
   e)   reclusão de 1 a 6 meses ou multa.

136. Pena imposta ao motorista que causar lesões corporais não intencionais durante um acidente:
   a)   detenção de 2 a 4 anos;
   b)   detenção de 1 a 2 anos;
   c)   detenção de 6 meses a 1 ano;
   d)   detenção de 6 meses a 2 anos;
   e)   detenção de 2 meses a 1 ano.

137. A prestação de socorro, em caso de acidente com vítima, é atenuante:
   a)   com vítima não há atenuante;
   b)   da ação criminal;
   c)   da multa;
   d)   da medida administrativa;
   e)   c e d estão corretas.

Identifique os conceitos.

138. Via caracterizada pela interseção em nível não semaforizado, destinada apenas ao acesso local ou a áreas restritas: _____

139. Via aberta à circulação pública, situada em área urbana: _____

140. Via ou conjunto de vias destinadas à circulação prioritária de pedestres: _____

141. Via destinada a coletar e distribuir o trânsito que tenha necessidade de entrar ou sair das vias de trânsito rápido ou arteriais: _____

142. Via caracterizada por interseções em nível, controlada por semáforo, com acessibilidade aos lotes lindeiros e às vias secundárias e locais: _____

143. As estradas e rodovias são consideradas vias: _____

144. Via caracterizada por acessos especiais com trânsito livre, sem interseções em nível, sem acessibilidade direta aos lotes lindeiros e sem travessia de pedestre em nível: _____

145. Limite entre área urbana e área rural: _____

146. Via rural pavimentada: _____

147. Via rural não pavimentada: _____

148. Superfície situada ao longo das vias urbanas ou rurais e que com elas se limita: _____

Responda às questões a seguir (149 à 161)

149. A suspensão do direito de dirigir aplica-se a portador da Permissão para Dirigir?

150. Em quais situações o condutor pode ser suspenso?

151. Qual o prazo da primeira suspensão? E a reincidência?

152. A quais penalidades fica sujeito o motorista suspenso é flagrado dirigindo?

153. Diferencie CNH suspensa de CNH cassada.

154. O motorista flagrado dirigindo com CNH vencida a mais de 30 dias fica sujeito a quais penalidades?

155. Qual o valor da multa para infrações cometidas por pedestres?

156. Qual o prazo máximo de renovação da CNH após o vencimento?

157. Quando o motorista, não propietário, comete uma infração e é identificado, a quem compete a responsabilidade pelo pagamento da multa?

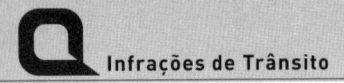

158. Qual a penalidade para o motorista que participar de corridas, disputas ou competições não autorizadas pela autoridade competente, resultando dano potencial à incolumidade pública ou privada?

159. Quais as penas impostas para o motorista que não reduzir a velocidade próximo a locais de grande movimento de pessoas, gerando perigo de dano?

160. Quais as penas impostas para o motorista que comete o crime de confiar a direção de veículo à pessoa não habilitada?

161. Quais as penas impostas ao motorista que prestar falsas informações em inquérito de acidente de trânsito com vítima?

Complete: Infração/Pontos

162. Deixar o condutor ou passageiro de usar o cinto de segurança.
Infração _____
Pontos _____

163. Dirigir ameaçando os pedestres que estejam atravessando a via pública, ou os demais veículos.
Infração _____
Pontos _____

164. Disputar corrida com espírito de emulação.
Infração _____
Pontos _____

165. Dirigir com Carteira de Habilitação ou Permissão para dirigir cassadas.
Infração _____
Pontos _____

166. Fazer uso de facho de luz alta dos faróis em vias providas de iluminação pública.
Infração _____
Pontos _____

167. Transpor, sem autorização, bloqueio viário policial.
Infração _____
Pontos _____

168. Conduzir o veículo sem qualquer uma das placas de identificação.
    Infração _____
    Pontos _____

169. Falsificar ou adulterar documento de habilitação e de identificação do veículo.
    Infração _____
    Pontos _____

170. Deixar de dar preferência de passagem a veículo que vier da direita.
    Infração _____
    Pontos _____

171. Transitar pela na contramão em vias de sentido único de direção resultará em:
    ( ) multa
    ( ) multa e apreensão do veículo

172. Transitar com o veículo sobre calçadas resultará em:
    ( ) multa
    ( ) multa e apreensão do veículo

173. Avançar sinal vermelho, resultará em:
    ( ) multa
    ( ) multa e apreensão do veículo

174. Dirigir sem possuir a carteira de habilitação ou a permissão para dirigir resultará em:
    ( ) multa
    ( ) multa e apreensão do veículo

175. Não sinalizar mudança de direção de faixa resultará em:
    ( ) multa
    ( ) multa e apreensão do veículo

176. Falsificar ou adulterar documento de habilitação ou de identificação do veículo resultará em:
    ( ) multa
    ( ) multa e apreensão do veículo

177. Pagamento mediante depósito judicial em favor da vítima ou seus sucessores de quantia calculada com base no disposto no § 1º do art. 49 do Código Penal, sempre que houver prejuízo material resultante do crime. Este é o conceito de:
    a) multa;
    b) multa reparatória;
    c) débito fiscal;
    d) multa de trânsito;
    e) multa ambiental.

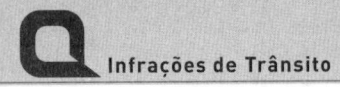

178. O sinal sonoro que corresponde ao sinal "PARE" caracteriza-se por:
    a) dois silvos breves;
    b) um silvo breve;
    c) três silvos breves;
    d) um silvo longo;
    e) dois silvos longos.

179. Quando uma via de mão dupla for divida ao centro por duas linhas amarelas contínuas significa:
    a) permitido ultrapassar nos dois sentidos;
    b) proibido ultrapassar pela direita;
    c) proibido ultrapassar pela esquerda;
    d) proibido ultrapassar nos dois sentidos;
    e) ultrapasse com cuidado.

180. A importância e o objetivo da sinalização de advertência está em informar aos usuários da via sobre:
    a) condições da via, restrições impostas ao trânsito e obrigações e proibições no uso da via;
    b) a situação do trânsito;
    c) condições potencialmente perigosas indicando sua natureza;
    d) a proibição de cometer atos de imprudência;
    e) a existência de fiscalização constante.

181. Os sinais de trânsito classificam-se em:
    a) luminosos e sonoros;
    b) verticais e horizontais;
    c) gestos do agente de trânsito e do condutor;
    d) dispositivos de sinalização auxiliar;
    e) as alternativas se completam.

182. As placas de sinalização, quanto à sua função, podem ser de:
    a) regulamentação e educativas;
    b) advertências e indicação;
    c) regulamentação e orientação;
    d) indicação e regulamentação;
    e) regulamentação, advertência e indicação.

183. As placas de sinalização têm por função:
    a) advertir, regulamentar e indicar;
    b) regulamentar e educar;
    c) advertir e regulamentar;
    d) indicar e educar;
    e) advertir e proibir.

184. As placas de regulamentação têm por finalidade:
    a) educar os condutores;
    b) informar aos usuários as condições, proibições ou restrições no uso da via;
    c) advertir pedestres;
    d) indicar sentidos de direção;
    e) proibir o uso das vias.

185. As linhas seccionadas ou contínuas, as faixas para pedestres, os sinais e as palavras inscritas no solo são marcas que caracterizam a sinalização:
    a) vertical;
    b) horizontal;
    c) por gestos;
    d) por barreiras;
    e) viária.

186. As placas com fundo e orla externa na cor laranja, são utilizadas na sinalização de:
    a) obras;
    b) advertência;
    c) regulamentação;
    d) identificação de rodovias e estradas estaduais;
    e) identificação de rodovias e estradas federais.

187. Os "Marcadores de obstáculos" têm por finalidade delimitar os espaços, na via:
    a) para circulação de veículos de carga;
    b) que indicam obstáculos ou situações de risco;
    c) que indicam a realização de obras;
    d) que indicam que o trânsito dos veículos deve ser realizado pela faixa da direita;
    e) para obstrução do fluxo de pedestres.

188. "Barreiras Fixas ou Móvel Dobrável" advertem o condutor que ele deve:
    a) aumentar a velocidade para dar passagem aos veículos de transporte coletivo;
    b) reduzir a velocidade para efetuar desvios seguros;
    c) reduzir a velocidade para passagem de pedestre;
    d) aumentar a velocidade para descongestionar o trânsito;
    e) parar.

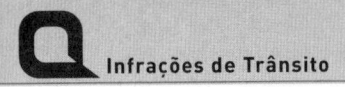

189. As placas de identificação de rodovias, em forma de brasão e nas cores preta e branca são de:
    a) regulamentação;
    b) educativas;
    c) orientação;
    d) advertência;
    e) indicação de rodovias.

190. As placas indicativas de sentido, de forma retangular, cor verde e branca, indicam:
    a) mensagens de nomes de rodovias;
    b) mensagens de localidades;
    c) mensagens de nomes de estradas;
    d) a distância para atingir o destino;
    e) identificação de rodovias e estradas.

191. As placas indicativas de distância, de forma retangular, cor verde e branca, indicam mensagens de localidades . No caso de você trafegar em rodovias você as identifica pelas cores:
    a) verde e preta;
    b) branca e azul;
    c) branca e preta;
    d) preta e azul;
    e) amarela e preta.

192. As placas de "Sentido de Circulação", de forma retangular, são apresentadas nas cores:
    a) preta e verde;
    b) preta e branca;
    c) verde e branca;
    d) branca e azul;
    e) amarela e preta.

193. Uma placa educativa é identificada pelas cores:
    a) branca e azul e formato redondo;
    b) branca e preta e formato retangular;
    c) branca e verde e formato quadrado;
    d) branca e amarela e formato retangular;
    e) amarela e preta e formato retangular.

194. Quando um agente da autoridade de trânsito emitir um silvo longo, os condutores entendem que devem:
    a) seguir em frente;
    b) ficar a postos;
    c) diminuir a marcha;
    d) acender a lanterna;
    e) parar.

195. De acordo com os sinais sonoros citados abaixo, a alternativa que corresponde ao sinal "ATENÇÃO SIGA".
    a) um silvo breve;
    b) dois silvos breves;
    c) três silvos breves;
    d) um silvo longo;
    e) dois silvos longos.

196. Marcas que delineiam a parte da pista destinada à circulação de veículos, separando-a do acostamento, chamam-se linhas:
    a) planas;
    b) linhas férreas;
    c) limite;
    d) de ônibus;
    e) de bordo.

197. Linhas transversais inscritas na cor branca que através de efeito visual estimulam os condutores a reduzirem a velocidade, chamam-se linhas de estímulo:
    a) ao aumento de velocidade;
    b) à redução de velocidade;
    c) aos condutores de veículos coletivos;
    d) da travessia de pedestres;
    e) segurança viária.

198. A forma de sinalização existente que prevalece sobre as regras de circulação e normas definidas por outros sinais de trânsito, são os gestos:
    a) dos condutores de veículos;
    b) dos pedestres para executar a travessia da via;
    c) e sinais luminosos;
    d) do agente de trânsito;
    e) dos passageiros de transporte coletivo.

199. As marcas na cor branca que advertem os condutores da existência de movimentação de pedestres na área são chamadas de:
    a) linhas de estímulo à redução de velocidade;
    b) linhas de bordo;
    c) faixa de travessia de pedestres;
    d) linhas de retenção;
    e) faixa de segurança máxima.

200. As marcas inscritas sempre na cor branca antes de faixas de pedestres e cruzamentos com ciclovias, ferrovias e outras vias de uso rodoviário e que indicam aos condutores o local limite onde deverão parar os veículos para cederem o direito de passagem aos outros usuários da via, são chamadas de:

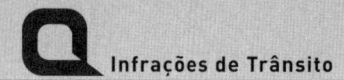

a) linhas de retenção;
b) linhas de bordo;
c) linhas de estímulo à redução de velocidade;
d) faixa de travessia de pedestres;
e) linhas de segurança.

201. Marcas que regulamentam as áreas de pavimento não ultilizáveis:
    a) linha de retenção;
    b) faixa de travessia de pedestre;
    c) linhas de bordo;
    d) marcas de canalização;
    e) linhas proibidas.

202. As marcas utilizadas para reduzir pontos de conflitos entre fluxos de tráfego em cruzamentos são chamadas de:
    a) marcação de áreas de conflito;
    b) interseção em rótula;
    c) linhas de bordo;
    d) linhas de retenção;
    e) linhas de segurança.

203. Marcas que indicam locais para circulação, parada ou estacionamento exclusivo de veículos específicos inscritas em áreas de estabelecimentos especiais, de embarque, desembarque de passageiros, cargas e estacionamento reservado a veículos específicos são chamadas de:
    a) interseção em rótula;
    b) marcação de áreas neutras;
    c) Marcas de delimitação e controle de estacionamento e/ou parada;
    d) linhas de retenção;
    e) linhas de bordo.

204. A marcação de áreas de estacionamento que indicam ao condutor que ali é permitido estacionar é feita na cor:
    a) amarela;
    b) branca;
    c) azul;
    d) verde;
    e) vermelha.

205. A marcação de áreas de estacionamento que indica ao condutor a proibição para estacionar é feita na cor:
    a) azul;
    b) branca;
    c) verde;
    d) amarela;
    e) vermelha.

206. As marcas que advertem aos condutores sobre a existência de local onde deverão redobrar a atenção ou de áreas reservadas a outros usuários da via chamam-se:
   a) legendas;
   b) símbolos;
   c) linhas;
   d) faixas;
   e) linhas de bordo.

GABARITO – EXERCÍCIOS COMPLEMENTARES DE INFRAÇÕES

01. B – art. 1, parág. 1
02. C – art. 1, parág. 2
03. A – art. 2
04. A – art. 2, parág. único
05. C – art. 5
06. C – art. 6, incisos I, II e III
07. E – art. 7
08. D – art. 9
09. E – art. 10
10. E – art. 12
11. C – art. 13
12. E – art. 14
13. D – art. 15
14. D – art. 15, parág. 3
15. E – art. 16
16. E – art. 17
17. D – art. 19
18. C – art. 20
19. C – art. 20
20. C – art. 20
21. E – art. 21
22. D – art. 21
23. D – art. 21
24. D – art. 21
25. A – art. 22
26. A – art. 22
27. A – art. 22
28. D – art. 23
29. B – art. 24
30. B – art. 24
31. B – art. 24
32. E – art. 29, incisos I e II

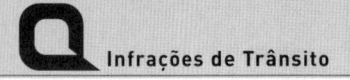

33. A – art. 29, inciso III, *a*
34. A – art. 29, inciso III, *b*
35. C – art. 29, inciso III, c
36. A – art. 29, inciso IV
37. E – art. 29, inciso VII
38. D – art. 29, inciso IX
39. E – art. 29, inciso XI
40. D – art. 38
41. E – art. 40, incisos I, II, III e IV
42. A – art. 40, inciso V, *a*
43. D – art. 40, parág. único
44. D – art. 41, incisos I e II
45. C – art. 51
46. E – art. 54, incisos I, II e III
47. A – art. 57, parág. único
48. D – art. 60, incisos I e II
49. E – art. 61, parág. 1, I
50. E – art. 61, parág. 1, II
51. D – art. 62
52. B – Resolução nº 277 do Contran, art. 2
53. C – art. 65
54. E – art. 67, incisos I, II, III e IV
55. D – art. 68, parág. 2
56. A – art. 68, parág. 3
57. E – art. 69, incisos I, II e III
58. D – art. 72
59. D – art. 76
60. E – art. 87
61. E – art. 89
62. A – art. 90
63. A – art. 95
64. E – art. 96, inciso I
65. E – art. 96, inciso II
66. E – art. 96, inciso III
67. B – art. 24, inciso VI
68. D – art. 108
69. B – art. 159, parág. 10
70. E – art. 155, parág. único
71. R$191,54 (X5) – art. 174
72. R$957,70 – art. 165

73. R$957,70 – art. 176
74. R$957,70 – art. 162, inciso II
75. R$191,54 – art. 186, inciso II
76. R$191,54 – art. 208
77. R$191,54 – art. 230, inciso III
78. R$191,45 – art. 168
79. R$191,54 – art. 170
80. R$191,54 – art. 162, inciso V
81. R$191,54 – art. 210
82. R$191,54 – art. 234
83. D – art. 151
84. E – art.115, parág. 2
85. E – art.123, incisos I, II, III, IV
86. E – art. 130
87. B – art.131, parág. 3
88. C – art. 147, parág. 2
89. A – art. 147, parág. 2
90. A – anexo II do CTB
91. A – art. 293
92. E – art. 298, incisos I, II, III, IV
93. E – art. 302, parág. único
94. C – art. 301
95. A – art. 281, incisos I, II
96. C – art. 19, inciso XII
97. E – Resolução nº 396 do Contran, art.6
98. D – art. 257, parág. 6
99. E – art. 126
100. A – Resolução nº 333 do Contran, art.8
101. E – Resolução nº 14 do Contran
102. E – Resolução nº 14 do Contran, art. 1 inciso 21
103. E – Resolução nº 46 do Contran incluída na Res.14, art.1, inciso III
104. E – Resolução nº 14 do Contran
105. D
106. D – Resolução nº 4 do Contran, art. 1
107. A – Resolução nº 4 do Contran, art. 1, parág. 3
108. B – art. 136
109. E – Resolução nº 5 do Contran
110. A – art. 19, inciso XXIV
111. B – art.124, inciso V
112. E – anexo II do CTB

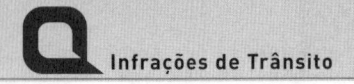

113. B – art. 297
114. D – art. 124, inciso VIII
115. B – anexo I do CTB
116. A – anexo I do CTB
117. C – art. 230, inciso V
118. A – art. 231, inciso V
119. E – art. 240
120. A – art.24, inciso III
121. E – art.22, inciso III
122. E – art.22, inciso II
123. E – art.24, inciso VI
124. D – art.23
125. A – art. 272
126. B – art.40, incisos I e II e parág. único
127. A – art. 311
128. A – Resolução nº 46 do Contran, art. 1, inciso I
129. E – art. 298
130. E – anexo II do CTB
131. C – art. 90
132. A – art. 261, parág. 1
133. A – art. 257, parág. 7
134. C – art. 312
135. C – art. 310
136. D – art. 303
137. B – art. 301
138. Via local – anexo I do CTB
139. Via urbana – anexo I do CTB
140. Via ou área de pedestres – anexo I do CTB
141. Via coletora – anexo I do CTB
142. Via arterial – anexo I do CTB
143. Vias rurais – anexo I do CTB
144. Via de trânsito rápido – anexo I do CTB
145. Perímetro urbano – anexo I do CTB
146. Rodovia – anexo I do CTB
147. Estrada – anexo I do CTB
148. Lote lindeiro – anexo I do CTB
149. Não. Apenas a condutor que possui a CNH. – Art. 261, parág. 2
150. Quando previsto no artigo da infração ou quando o infrator atingir no período de 12 meses a contagem de 20 pontos. – Art. 261, parág. 1
151. 01 a 12 meses / 06 a 24 meses

152. Multa (5X) apreensão do veículo art. 162, inciso II
153. Suspensão – após cumprido o prazo e o Curso de Reciclagem o condutor recupera a CNH./ Cassação – o condutor "perde" a CNH e terá que se submeter aos exames de reabilitação. arts. 261 e 263
154. Multa – art.162 inciso V
155. 50% do valor da infração Leve – art. 254
156. 30 dias – art. 162, inciso V
157. O proprietário – art. 282, parág. 3
158. Detenção de 06 meses a 02 anos, multa e suspensão ou proibição de obter a permissão ou a habilitação para dirigir veículo automotor
159. Detenção de 06 meses a 01 ano ou multa
160. Detenção de 06 meses a 01 ano ou multa
161. Detenção de 06 meses a 01 ano ou multa
162. Grave/ 5 pontos – art. 167
163. Gravíssima/ 7 pontos – art. 170
164. Gravíssima/ 7 pontos – art. 173
165. Gravíssima/ 7 pontos – art. 162, inciso II
166. Leve/ 3 pontos art. 224
167. Gravíssima/ 7 pontos – art. 210
168. Gravíssima/ 7 pontos – art. 230, inciso IV
169. Gravíssima/ 7 pontos – art. 234
170. Grave/ 5 pontos – art. 215, inciso I, *b*
171. Multa – art. 186, inciso II
172. Multa – art. 193
173. Multa – art. 208
174. Multa e apreensão – art. 162, inciso I
175. Multa – art. 196
176. Multa e apreensão – art. 234
177. B – art. 297
178. A – anexo II do CTB
179. D – anexo II do CTB
180. C – anexo II do CTB
181. E – anexo II do CTB
182. E – anexo II do CTB
183. A – anexo II do CTB
184. B – anexo II do CTB
185. B – anexo II do CTB
186. A – anexo II do CTB
187. B – anexo II do CTB
188. B – anexo II do CTB

189. E – anexo II do CTB
190. B – anexo II do CTB
191. B – anexo II do CTB
192. E – anexo II do CTB
193. B – anexo II do CTB
194. C – anexo II do CTB
195. A – anexo II do CTB
196. E – anexo II do CTB
197. B – anexo II do CTB
198. D – art. 89
199. C – anexo II do CTB
200. A – anexo II do CTB
201. D – anexo II do CTB
202. A – anexo II do CTB
203. C – anexo II do CTB
204. B – anexo II do CTB
205. D – anexo II do CTB
206. B – anexo II do CTB

Conheça também ...

Direito Administrativo CESPE
Autor: Gustavo Barchet
Páginas: 568

Direito Administrativo ESAF
Autor: Gustavo Barchet
Páginas: 512

Conheça também ...

Audiovisual e Cultura
Autor: Vinícius Alves Portela Martins
Páginas: 216

Direito Administrativo Cespe
Autor: Gustavo Mello Knoplock
Páginas: 336

Cartão Resposta

05012004-7/2003-DR/RJ
Elsevier Editora Ltda

CORREIOS

ELSEVIER

SAC | ELSEVIER
0800 026 53 40
sac@elsevier.com.br

CARTÃO RESPOSTA

Não é necessário selar

O SELO SERÁ PAGO POR
Elsevier Editora Ltda

20299-999 - Rio de Janeiro - RJ

Acreditamos que sua resposta nos ajuda a aperfeiçoar continuamente nosso trabalho para atendê-lo(la) melhor e aos outros leitores.
Por favor, preencha o formulário abaixo e envie pelos correios ou acesse www.elsevier.com.br/cartaoresposta. Agradecemos sua colaboração.

Seu nome: _____

Sexo: ☐ Feminino ☐ Masculino   CPF: _____

Endereço: _____

E-mail: _____

Curso ou Profissão: _____

Ano/Período em que estuda: _____

Livro adquirido e autor: _____

Como conheceu o livro?

☐ Mala direta   ☐ E-mail da Campus/Elsevier
☐ Recomendação de amigo   ☐ Anúncio (onde?) _____
☐ Recomendação de professor
☐ Site (qual?) _____   ☐ Resenha em jornal, revista ou blog
☐ Evento (qual?) _____   ☐ Outros (quais?) _____

Onde costuma comprar livros?

☐ Internet. Quais sites? _____
☐ Livrarias   ☐ Feiras e eventos   ☐ Mala direta

☐ Quero receber informações e ofertas especiais sobre livros da Campus/Elsevier e Parceiros.

Siga-nos no twitter @CampusElsevier

Qual(is) o(s) conteúdo(s) de seu interesse?

Concursos
- [ ] Administração Pública e Orçamento
- [ ] Arquivologia
- [ ] Atualidades
- [ ] Ciências Exatas
- [ ] Contabilidade
- [ ] Direito e Legislação
- [ ] Economia
- [ ] Educação Física
- [ ] Engenharia
- [ ] Física
- [ ] Gestão de Pessoas
- [ ] Informática
- [ ] Língua Portuguesa
- [ ] Línguas Estrangeiras
- [ ] Saúde
- [ ] Sistema Financeiro e Bancário
- [ ] Técnicas de Estudo e Motivação
- [ ] Todas as Áreas
- [ ] Outros (quais?)

Educação & Referência
- [ ] Comportamento
- [ ] Desenvolvimento Sustentável
- [ ] Dicionários e Enciclopédias
- [ ] Divulgação Científica
- [ ] Educação Familiar
- [ ] Finanças Pessoais
- [ ] Idiomas
- [ ] Interesse Geral
- [ ] Motivação
- [ ] Qualidade de Vida
- [ ] Sociedade e Política

Jurídicos
- [ ] Direito e Processo do Trabalho/Previdenciário
- [ ] Direito Processual Civil
- [ ] Direito e Processo Penal
- [ ] Direito Administrativo
- [ ] Direito Constitucional
- [ ] Direito Civil
- [ ] Direito Empresarial
- [ ] Direito Econômico e Concorrencial
- [ ] Direito do Consumidor
- [ ] Linguagem Jurídica/Argumentação/Monografia
- [ ] Direito Ambiental
- [ ] Filosofia e Teoria do Direito/Ética
- [ ] Direito Internacional
- [ ] História e Introdução ao Direito
- [ ] Sociologia Jurídica
- [ ] Todas as Áreas

Media Technology
- [ ] Animação e Computação Gráfica
- [ ] Áudio
- [ ] Filme e Vídeo
- [ ] Fotografia
- [ ] Jogos
- [ ] Multimídia e Web

Negócios
- [ ] Administração/Gestão Empresarial
- [ ] Biografias
- [ ] Carreira e Liderança Empresariais
- [ ] E-business
- [ ] Estratégia
- [ ] Light Business
- [ ] Marketing/Vendas
- [ ] RH/Gestão de Pessoas
- [ ] Tecnologia

Universitários
- [ ] Administração
- [ ] Ciências Políticas
- [ ] Computação
- [ ] Comunicação
- [ ] Economia
- [ ] Engenharia
- [ ] Estatística
- [ ] Finanças
- [ ] Física
- [ ] História
- [ ] Psicologia
- [ ] Relações Internacionais
- [ ] Turismo

Áreas da Saúde
- [ ]

Outras áreas (quais?): _____

Tem algum comentário sobre este livro que deseja compartilhar conosco?
_____
_____

Atenção:
- As informações que você está fornecendo serão usadas apenas pela Campus/Elsevier e não serão vendidas, alugadas ou distribuídas por terceiros sem permissão preliminar.

Impressão e acabamento
Imprensa da Fé